독자의 1초를 아껴주는 정성!

세상이 아무리 바쁘게 돌아가더라도
책까지 아무렇게나 빨리 만들 수는 없습니다.
인스턴트 식품 같은 책보다는
오래 익힌 술이나 장맛이 밴 책을 만들고 싶습니다.

땀 흘리며 일하는 당신을 위해
한 권 한 권 마음을 다해 만들겠습니다.
마지막 페이지에서 만날 새로운 당신을 위해
더 나은 길을 준비하겠습니다.

독자의 1초를 아껴주는
정성을 만나보십시오.

미리 책을 읽고 따라해 본 2만 베타테스터 여러분과
무따기 체험단, 길벗스쿨 엄마 기획단,
시나공 평가단, 토익 배틀, 대학생 기자단까지!

믿을 수 있는 책을 함께 만들어주신 독자 여러분께 감사드립니다.

(주)도서출판 길벗 www.gilbut.co.kr
길벗이지톡 www.eztok.co.kr
길벗스쿨 www.gilbutschool.co.kr

생활
속
법률
상식
사전

생활 속 법률 상식사전
Common Sense Dictionary of Everyday Law

초판 1쇄 발행 · 2017년 9월 3일
개정 5쇄 발행 · 2022년 10월 1일

지은이 · 김계형, 이재호
발행인 · 이종원
발행처 · (주)도서출판 길벗
출판사 등록일 · 1990년 12월 24일
주소 · 서울시 마포구 월드컵로 10길 56(서교동)
대표 전화 · 02)332-0931 | **팩스** · 02)323-0586
홈페이지 · www.gilbut.co.kr | **이메일** · gilbut@gilbut.co.kr

기획 및 책임 편집 · 박윤경, 김동섭(dseop@gilbut.co.kr) | **표지디자인** · 박상희
영업마케팅 · 정경원, 최명주 | **웹마케팅** · 이정, 김진영 | **제작** · 이준호, 손일순, 이진혁
영업지원 · 김명자 | **독자지원** · 송혜란, 홍혜진

편집진행 및 교정 · 안종군 | **일러스트** · 조윤혜
전산편집 · 트인글터 | **CTP 출력 및 인쇄** · 예림인쇄 | **제본** · 예림바인딩

ISBN 979-11-6050-868-0 13320
(길벗도서번호 070424)

가격 14,000원

독자의 1초를 아껴주는 정성 '길벗출판사'

(주)도서출판 길벗 | IT실용, IT/일반 수험서, 길벗 비즈, 길벗 라이프, 더퀘스트 www.gilbut.co.kr
길벗이지톡 | 어학단행본, 어학수험서 www.eztok.co.kr
길벗스쿨 | 국어학습, 수학학습, 어린이교양, 주니어 어학학습, 교과서 www.gilbutschool.co.kr

페이스북 · www.facebook.com/gilbutzigy
트위터 · www.twitter.com/gilbutzigy

생활 속 법률 상식 사전

김계형 · 이재호 지음

길벗

| 지은이의 말 |

법은 우리 곁에 늘 있습니다

 법은 생소하고 나와는 거리가 멀다고 생각하기 쉽지만, 사실 법은 우리의 삶에 아주 밀접하게 녹아들어 있습니다. 이 책은 평소 법률을 전혀 공부해보지 않은 분들이 일상생활에서 법이 항상 함께한다는 것을 느끼고, 마주하기 쉬운 법률문제에 쉽고 빠르게 대처할 수 있도록 하는 데 목적이 있습니다. 독자들이 부담 없이 읽을 수 있도록 의뢰인과 실제 상담을 할 때 설명하는 것처럼 구어체로 작성하였고, 어려운 법률 용어 대신 일상적인 용어를 사용하였습니다. 생활하면서 쉽게 발생할 수 있는 사례들 위주로 구성하였고, 기본 개념도 함께 넣어 비슷한 사례에 응용할 수 있도록 작성했습니다.

 가벼운 마음으로 틈틈이 출퇴근길 지하철에서, 버스에서, 카페에서, 여행지에서 사례를 하나씩 읽다 보면 적어도 일상생활에서 법을 몰라 억울한 일은 겪지 않을 거라 생각합니다. 책이 나올 수 있도록 애써주신 도서출판 길벗 최선애, 이지현 님께 진심으로 감사드립니다.

김계경

사회생활을 하다 보면 내가 원하든, 원하지 않든 크고 작은 분쟁에 휘말리는 경우가 있습니다. 때로는 피해자의 입장이 되기도 하고, 때로는 가해자의 입장이 되기도 합니다. 또 어떤 경우에는 선의로 한 행동이 타인에게 불쾌감을 주거나 모욕적인 행동으로 비쳐지기도 하고, 반대로 타인의 진심을 오해하여 다투기도 합니다. 이러한 크고 작은 분쟁 중에는 당사자 간에 서로 협의가 됨으로써 무난하게 넘어가는 경우도 있지만, 법의 판단을 받아야 하는 경우도 있습니다. 하지만 많은 사람에게 법은 낯선 영역이고, 막상 법률문제에 직면하게 되었을 때 적절한 대응을 하지 못하고, 이로 인해 사건이 자신에게 불리한 방향으로 전개되기도 합니다.

이 책에서는 누구나 한 번쯤 접할 수 있는 법률문제들을 소개하고 있습니다. 이 책에서 소개된 내용을 통해 조금은 쉽게 법률문제를 이해하고 올바른 해결방안이 모색되기를 기대합니다. 이 책은 김계형 변호사님과 공저로 작성하였습니다. 짧지 않은 기간 같은 사무실에 근무하면서 변호사 업무에 쫓기는 가운데 원고를 함께 작성해준 김계형 변호사님, 오랜 기간 함께 근무하면서 도움을 주고 있는 이일우, 신미연, 박연정 님 그리고 도서출판 길벗의 최선애, 이지현 님 등 이 책의 출간에 도움을 주신 모든 분께 감사드립니다.

끝으로, 이 책의 내용이나 그 외의 법률문제에 대해서는 인터넷포털사이트 네이버의 법률상담카페인 '우리변호사(cafe.naver.com/mylawyer)'로 문의하시면 성심껏 답변해드리겠습니다.

이재호

차례

준비마당

법, 살면서 이 정도는 알아야 한다

01	민사소송의 진행 과정	12
02	소송을 하려면 어떻게 해야 하죠?	16
03	변호사 선임은 어떻게 하나요? 수임료는?	20
04	행정소송의 진행 과정	24

첫째마당

큰돈 지키는 부동산 법률 익히기

05	법에서 전세는 뭐고, 월세는 뭔가요?	32
06	전셋집이 경매로 넘어간대요	37
07	주택임대차보호법이 주는 힘	48
08	부동산 계약을 할 때 유의할 점	55
09	집이 나가지 않는다고 집주인이 보증금을 주지 않아요	59
10	월세 내지 않는 세입자, 어떻게 하죠?	64
11	경매로 집을 샀는데, 세입자가 나가지 않아요	66

둘째마당

외도부터 이혼까지, 부부라서 더 어렵다!

12	이혼 소송은 어떻게 하나요?	72

13 배우자가 바람을 피워요 ································· 76

14 양육자가 되려면 어떻게 해야 하나요? ················· 79

15 재산분할은 어떻게 하나요? ·························· 82

16 배우자의 퇴직금도 분할이 가능한가요? ··············· 86

17 위자료와 양육비 받아내는 법 ······················· 89

18 전배우자가 아이를 보여주지 않아요 ·················· 92

19 배우자가 가출한 지 1년이 지났어요 ·················· 95

20 파혼했는데 약혼예물은 돌려받을 수 있나요? ··········· 97

셋째마당
폭력과 학대, 더 이상 참지 마세요!

21 옆집에서 아이를 학대해요 ·························· 104

22 어린이집에서 선생님이 폭력을 휘둘러요 ·············· 108

23 남편이 부부싸움을 할 때마다 때려요 ················· 110

24 우리 아이가 학교에서 왕따를 당해요 ················· 113

25 맞아서 코뼈가 부러졌어요 ·························· 117

26 정당방위는 뭔가요? ······························· 121

27 전남자친구가 페이스북에 제 동영상을 올렸어요 ········ 124

28 성폭력을 당했을 때는 어떻게 해야 하나요? ············ 127

29 제가 고소를 당했어요 ····························· 134

30 형사재판을 받게 되었어요 ·························· 139

31 남자인데요, 저도 신고해도 되나요? ·················· 142

넷째마당
갈등을 막는 돈 거래&상속 방법

32   유언장 없이 돌아가셨는데 재산분할은 어떻게 하죠? ················ 146

33   오빠가 아들이라고 유산을 모두 가져갔어요 ················ 150

34   아버지가 10억 원의 빚을 지고 돌아가셨어요 ················ 152

35   효력 있는 유언장 쓰는 법 ················ 157

36   100만 원을 빌렸는데 1,000만 원이 되었어요 ················ 161

37   친구가 돈을 빌리고 갚지 않아요 ················ 165

38   효력 있는 차용증 쓰는 법 ················ 170

다섯째마당
월급쟁이라면 꼭 알아야 할 근로법률

39   갑자기 내일부터 회사에 나오지 말래요 ················ 176

40   사장님이 월급을 주지 않아요 ················ 181

41   상사가 저를 왕따시켜요 ················ 184

42   사무실에서 짐을 옮기다가 허리를 다쳤어요 ················ 187

여섯째마당
끔찍한 교통사고, 당황하지 말고 이렇게!

43   길을 걸어가다 교통사고를 당했어요! 합의금은 얼마? ················ 192

44 친구가 제 차를 빌려서 운전하다가 사람을 치었어요 ················· 196

45 후유증이 남았어요 ················· 200

46 동승자의 음주운전 묵인하면 처벌받아요 ················· 204

47 아이가 유치원 차를 타고 오다가 다쳤어요 ················· 206

일곱째마당
소비자를 위한, 소비자에 의한 법

48 인터넷쇼핑몰에서 반품을 받아주지 않아요 ················· 210

49 소비자 권리 구제 방법 ················· 215

50 식당에서 상한 음식을 먹고 식중독에 걸렸어요 ················· 219

51 과자에서 플라스틱 조각이 나왔어요 ················· 221

52 1년간 회원권을 끊은 헬스클럽이 폐업했어요 ················· 223

여덟째마당
억울한 의료사고, 어떻게 해야 할까?

53 암이라고 해서 수술받았는데, 오진이라네요 ················· 230

54 성형수술 부작용이 생겼어요 ················· 232

55 의료사고로 환자가 사망했을 때, 유가족의 대응책은? ················· 235

01   민사소송의 진행 과정

02   소송을 하려면 어떻게 해야 하죠?

03   변호사 선임은 어떻게 하나요? 수임료는?

04   행정소송의 진행 과정

법, 살면서
이 정도는 알아야 한다

0

준비마당

민사소송의 진행 과정

민사소송을 간단하게 풀어보면 당사자인 A와 B가 공개된 법정에서 공방을 하고, 누구의 말이 옳은지 재판장의 판단을 구하는 것입니다. 민사소송은 당사자인 원고가 소장을 제출하는 것으로 시작됩니다. 소장에는 청구취지와 청구원인을 쓰는데, 청구취지에는 소송을 통해 결론적으로 목적하는 바를 작성하고, 청구원인에는 그 목적을 청구하는 것이 이유 있다는 내용을 서술합니다.

예를 들어 A가 B에게 대여금청구소송을 제기한다고 가정해볼게요. 청구취지에는 'B는 A에게 100만 원을 지급하라'는 내용을 쓰고, 청구원인에는 '내가 언제 대여해주었고, B가 언제 갚기로 했는데, 갚지 않고 있어서 달라는 거다'라는 내용을 쓰는 것입니다. 이렇게 청구하는 A를 '원고', 청구의 상대방인 B를 '피고'라 부릅니다. 원고가 자신의 주장이 '진실'에 부합한다는 걸 입증하기 위해 통장거래내역 사본이나 차용증 같은 증거를 함께 첨부하면 대여사실이 더욱 명확해지겠죠?

　원고는 소장 1부와 소장 부본[1]을 피고의 수대로 관할 법원에 제출합니다. 재판비용으로 인지액과 송달료도 내야 하지요. 소장을 비롯한 소송 서류를 접수받는 곳은 법원에 있는 종합민원실입니다. 소송 서류를 접수할 때에는 신분확인을 하는 경우가 있으므로, 신분증을 소지하는 것이 좋고, 만일 대리인에 의해 접수할 때에는 위임장이 준비되어 있어야 합니다. 소장이 접수되면, 법원은 사건번호와 사건명을 부여하고, 며칠 후에는 사건을 담당할 재판부가 정해집니다. 사건번호는 소장이 접수될 때에 그 자리에서 곧바로 부여됩니다. 따라서 소장을 접수할 때에는 법원의 접수담당직원에게 물어 사건번호를 확인해두어야 합니다.

　사건번호를 알고 있으면, 인터넷으로 제공되는 "나의사건검색"을 통해 사건의 진행 상황을 파악할 수 있습니다. 사건을 배당받은 담당재판부는 소장에 기재되어 있는 피고의 주소지로 소장 부본을 송달합니다. 만약, 피고의 주소지로 소장 부본이 송달되지 않으면, 재판부는 원고에게 피고의 주소지를 보정하라는 내용의 보정명령을 보내는데, 이때에는 법원에서 보내온 보정명령서를 가지고 가까운 동사무소(주민센터)를 방문하여 피고의 주민등록초본을 발급받음으로써 변경된 피고 주소지를 확인하게 됩니다.

　원칙적으로 소장 부본을 송달받은 피고는 30일 내에 답변서를 제

---

[1] 소장 부본은 법원용으로 제출하는 소장과 같은 내용의 문서라고 이해하면 되는데, 소장을 그대로 복사해서 제출해도 됩니다.

출해야 합니다. 피고가 소장을 받고 30일 내에 '대여사실을 인정하지 않는다'는 내용의 답변서를 써서, 마찬가지로 상대방용 1부, 법원용 1부를 법원에 제출하면, 법원은 이 답변서를 원고에게 보냅니다. 원고가 피고의 답변서에 대한 반박 내용을 기재한 준비서면을 법원에 제출하고, 이러한 절차를 통해 공방이 이루어지게 되는 겁니다. 만약, 피고가 소장을 받고도 아무런 답변을 하지 않으면, 원고의 청구원인이 된 사실을 자백한 것으로 보고 변론 없이 판결을 내릴 수도 있으니 원고의 주장을 다투고자 한다면 피고는 반드시 답변서를 제출하고 소송절차에 적극적으로 대응해야 합니다.

소장, 답변서, 준비서면 등이 제출된다 하더라도 당사자는 법원에 출석해 법정에서 소장에 적힌 내용이나 답변서 또는 준비서면에 적은 주장들을 말로 진술하는 것을 원칙으로 하고 있습니다. 법원은 변론기일을 정해 소송 당사자들이 출석하도록 하고, 원고와 피고는 변론기일에 출석해 구두로 각자의 주장을 펼칩니다. 다만 실무상으로는 변론기일 전에 주장사실을 정리해 서면으로 제출하고, 변론기일에는 'ㅇㅇ자로 제출한 준비서면 진술합니다'로 간단하게 진행되는 경우가 많지요. 이렇게 공방이 모두 이루어진 후에 법원은 변론을 종결하고 판결을 선고합니다. 다만 변론을 종결하고 곧바로 판결이 선고되는 경우는 거의 없으며, 보통은 판결선고기일이 별도로 정해지고, 별도로 정한 판결선고기일에 판결이 선고됩니다.

법원이 선고한 판결 결과에 승복할 수 없는 소송 당사자는 항소를 할 수 있습니다. 항소인은 원고가 될 수도, 피고가 될 수도, 원고와 피고양쪽 모두가 될 수도 있겠지요. 항소장을 제출하면 1심 법원은 2심 법원으로 소송기록을 보내고, 다시 재판절차가 이루어집니다. 2심 법원 재판장은 1심에서 이루어진 주장과 증거들, 그리고 항소심에서의 주장과 새롭게 제출한 증거들을 보고 판결을 내리게 됩니다.

항소심 판결 결과에 승복할 수 없는 소송 당사자는 대법원에 상고할 수 있습니다. 다만, 상고심에서는 원칙적으로 변론절차가 이루어지지 않습니다. 그리고 앞선 재판에서 인정된 사실관계를 다시 판단하지 않고, 법률적용이나 법률해석에 문제가 있는지만 판단합니다. 대법원은 2심판결에 문제가 없다고 판단하면 상고를 기각해서 2심에서 받은 판결 내용을 확정하고, 반대로 문제가 있다고 판단하면 파기환송하거나 대법원에서 직접 재판하기도 합니다.

알아두세요! 반소를 활용하세요

A가 원고가 되어 B에게 대여금을 받아야 한다며 소송을 제기했는데, 소장을 받은 피고 B가 오히려 A한테 돈을 받아야 하는 입장이라면 어떨까요? 피고는 원고가 제기한 소송(본소)에서 원고에게 반대로 소송을 청구할 수 있습니다. 이를 '반소'라고 하지요. 본소의 청구 또는 방어 방법과 서로 관련이 있는 경우 반소를 제기해 본소와 함께 판단받을 수 있습니다.

소송을 하려면 어떻게 해야 하죠?

02

반드시 변호사를 선임해야 하는 것은 아니에요

소송을 진행할 때 꼭 변호사를 선임해야 하는 것은 아니랍니다. 민사·행정소송에서는 내가 소송의 당사자일 경우, 혼자 재판에 참여해 진행할 수 있습니다. 형사소송 역시 변호인의 조력을 받아야 하는 경우를 제외하면 혼자 재판에 참여할 수 있고요.[1] 단, 헌법재판은 변호사의 조력

---

1 형사소송법 제33조(국선변호인) ① 다음 각 호의 어느 하나에 해당하는 경우에 변호인이 없는 때에는 법원은 직권으로 변호인을 선정하여야 한다.

   1. 피고인이 구속된 때

   2. 피고인이 미성년자인 때

   3. 피고인이 70세 이상인 때

   4. 피고인이 농아자인 때

   5. 피고인이 심신장애의 의심이 있는 때

   6. 피고인이 사형, 무기 또는 단기 3년 이상의 징역이나 금고에 해당하는 사건으로 기소된 때

을 받아 진행해야 합니다.

그리고 원칙은 변호사가 아니면 소송대리인이 될 수 없지만,[2] 법에서 예외적으로 요건에 맞는 경우에는 변호사가 아닌 사람도 소송대리인이 될 수 있도록 규정하고 있습니다. 단독 판사가 진행하는 사건에서는 변호사 아닌 사람을 소송대리인으로 허가할 수 있는데(소송대리허가), 보통은 소송당사자(원고, 피고)의 배우자나 가족이 소송대리허가 신청을 합니다.[3]

소송 대비! 법률상담은 미리 미리 받으세요

소송을 하더라도 사건이 발생하자마자 바로 소송을 제기하는 경우는 드물답니다. 협의를 시도해보고, 잘되지 않으면 최후의 수단으로 소송을 하는 경우가 대부분이지요. 그렇다면 소송하려 할 즈음에 변호사에게 법률상담을 받으면 될까요? 그렇지 않습니다. 분쟁의 여지가 있을 수 있는 사건이라면 법률상담은 미리 받는 것이 좋습니다. 그래야만 소

---

2 민사소송법 제87조(소송대리인의 자격) 법률에 따라 재판상 행위를 할 수 있는 대리인 외에는 변호사가 아니면 소송대리인이 될 수 없다.

3 민사소송법 제88조(소송대리인의 자격의 예외) ① 단독판사가 심리 · 재판하는 사건 가운데 그 소송 목적의 값이 일정한 금액 이하인 사건에서 당사자와 밀접한 생활관계를 맺고 있고, 일정한 범위 안의 친족관계에 있는 사람 또는 당사자와 고용계약 등으로 그 사건에 관한 통상사무를 처리 · 보조하여 오는 등 일정한 관계에 있는 사람이 법원의 허가를 받은 때에는 제87조를 적용하지 아니한다.

② 제1항의 규정에 따라 법원의 허가를 받을 수 있는 사건의 범위, 대리인의 자격 등에 관한 구체적인 사항은 대법원규칙으로 정한다.

③ 법원은 언제든지 제1항의 허가를 취소할 수 있다.

송을 하더라도 제대로 준비할 수 있습니다. 예를 들어, 임대차계약을 체결하려 한다고 생각해보세요. 계약서에 어떤 내용을 특약사항으로 작성해두면 좋을지, 임대차계약에서 발생할 수 있는 문제들은 어떤 것들이 있는지, 계약기간이 끝났을 때 보증금을 온전히 반환받으려면 어떠한 조치를 해두어야 하는지 등 법률상담을 받아두면 혹시라도 있을 수 있는 분쟁에 대비할 수 있습니다.

이미 사건이 발생한 후라도 법률상담을 받는 것이 좋습니다. 예를 들어, 친구에게 돈을 빌려주었는데 친구가 약속한 날짜까지 갚지 않아 걱정인 사람이 있다고 가정해볼게요. 친구 사이고 이전에 금전거래도 몇 번 있어서 차용증도 받지 않고 돈을 친구 통장 계좌로 이체시켜주기만 했습니다. 그런데 막상 소송을 제기했는데, 친구가 "난 그 돈을 빌린 게 아니라, 옛날에 내가 빌려줬던 돈을 돌려받은 거다"라며 다른 소리를 하면 어떻게 될까요? 그때 가서 친구가 "갚겠다"라는 이야기를 녹취라도 해보려 해도 소송이 제기된 다음에는 친구와 대화 자체가 어려울 뿐만 아니라 원하는 이야기가 나올 리도 만무하겠죠.

당장 소송해야 할 필요성이 없더라도 분쟁 가능성이 있는 사건이 발생하면 필요한 입증자료들은 무엇인지 확인받고, 또 부족한 자료가 있다면 준비할 수 있도록 변호사와 법률상담은 필수적으로 받아야 합니다.

사라지는 증거들은 미리 수집해둘 것

내가 소지한 문서를 제외하면 대부분의 증거들은 오랜 시간 존재하지 않는답니다. 휴대전화의 통화내역 데이터나 공무소의 문서 등은 일정 시간이 지나면 폐기되지요. 그러니 당장 소송을 하지 않더라도 일정 기간이 지나면 삭제되거나 폐기되는 자료들은 미리 확보해두어야 합니다. 통화내역이라면 통신사를 방문해 직접 발급받아두고, 공무소에 보관된 문서라면 정보공개청구 등의 방법으로 사본을 확보해둘 필요가 있습니다.

변호사 선임은 어떻게 하나요?
수임료는?

변호사는 나의 아바타

변호사 업무는 법적으로 위임사무입니다. 쉽게 말하면, 의뢰인이 맡긴 법률사무를 대신 처리하는 사람이 변호사입니다. 변호사에게 어느 범위까지 맡길 것인지는 의뢰인과 변호사 사이에서 정하게 되는데, 일반적으로 소 제기, 서면 제출 등 일체의 소송행위권한을 위임받고, 사건을 처리합니다.[1] 변호사의 주장은 소송 당사자의 주장이고, 위임받은 권

---

1 민사소송법 제90조(소송대리권의 범위) ① 소송대리인은 위임을 받은 사건에 대하여 반소(反訴)·참가·강제집행·가압류·가처분에 관한 소송행위 등 일체의 소송행위와 변제(辨濟)의 영수를 할 수 있다.

② 소송대리인은 다음 각 호의 사항에 대하여는 특별한 권한을 따로 받아야 한다.

1. 반소의 제기

2. 소의 취하, 화해, 청구의 포기·인낙 또는 제80조의 규정에 따른 탈퇴

3. 상소의 제기 또는 취하

4. 대리인의 선임

한 내에서 변호사의 법률행위는 소송 당사자에게 효력이 미칩니다. 민사소송의 경우, 변제의 수령을 변호사가 위임받기도 하는데, 변호사가 소송상대방이 변제한 돈을 대신 받고서도 위임인에게 전달하지 않았다고 가정해볼게요. 의뢰인은 소송 상대방에게 다시 돈을 변제해달라고 할 수 없습니다. 의뢰인이 변호사에게 변제의 수령 권한을 위임했고, 권한 있는 자가 돈을 받았으니까요. 돈을 전달해주지 않는 것은 변호사와 의뢰인 사이의 문제일 뿐인 거죠. 그러니 신뢰할 수 있는 변호사를 선임하는 것이 얼마나 중요한지 아시겠죠?

2명 이상의 변호사와 상담할 것

우리는 종종 신문이나 뉴스에서 형사재판 1심에서 유죄판결을 받고 항소했는데 2심에서 무죄판결을 선고받았거나 민사소송에서 패소했는데 항소심에서 승소했다고 하는 등 판결 결과가 바뀌었다는 소식들을 접하곤 합니다. 법원에서 판결을 선고하는 판사들도 이처럼 사건을 달리 판단할 수 있는데, 1명의 변호사 의견이 확실하리라는 보장이 있을까요? 적어도 2명 이상의 변호사에게 법률상담을 받아보기 바랍니다.

사건 내용과 관련서류들을 미리 정리해갈 것

변호사와의 상담은 대부분 상담료를 받습니다. 상담을 받을 때 사건의 내용을 서면으로 정리하면 상담 시간을 절약할 수 있고, 변호사가 이해하기도 쉽지요. 관련서류가 있다면 서류 사본을 가지고 가는 것이 좋습니다. 변호사는 관련서류들을 보면서 주장하는 사실들이 법률적으로 타당한지 확인하고, 어떤 부분들을 입증해야 할지 대략적인 계획을 세울 수 있지요.

변호사에게 사건의 대략적인 진행 계획을 들어볼 것

변호사가 사건을 맡아 진행한다면, 어떠한 방향으로 진행할지 물어보세요. 예를 들어, 대여금을 청구하는 소송을 문의한다고 가정해볼게요. "법원에 소장을 접수해서 상대방한테 돈을 갚으라고 청구할 거다"라고 안내받는 것보다 "소송을 제기하기 전에 채무자 소유 부동산을 가압류할 것이고, 청구금액은 원금에 이자를 포함시켜 얼마를 청구할 것이고, 상대방이 빌린 사실이 없다고 거짓말하면 증인으로 누구를 불러 증인신문을 할 계획이다"라는 안내를 받으면 소송 진행 상황을 더 잘 이해할 수 있답니다.

수임은 심급마다, 선임료는 사건마다 다르다

재판은 1심, 2심, 3심(대법원)까지 할 수 있지만, 원칙적으로 변호사 선임은 심급별로 합니다. 변호사는 사건 상담을 받고 대략적으로 소요될 기간과 노력을 감안해 선임료를 제시합니다.

위임계약서는 수정할 수 있다

대부분의 변호사들이 널리 통용되는 위임계약서를 사용하지만, 어디까지나 '계약'이기 때문에 계약 당사자인 의뢰인과 변호사 간 협의 하에 계약서 내용을 수정하는 것이 가능합니다. 의뢰인에게 불리할 것 같은 조항이라 계약 내용에 들어가는 것을 원치 않으면, 편하게 이야기하고 조항을 수정할 수 있습니다.

변호사가 작성한 서면은 제출 전에 확인할 것

변호사는 의뢰인의 아바타라고 설명드렸죠? 변호사가 하는 주장은 내가 하는 주장입니다. 그러니 변호사가 수사기관이나 법원에 의뢰인 주장을 담은 서면을 제출하겠다고 하면, 의뢰인은 제출 전에 변호사가 자신의 의견을 제대로 반영했는지, 사실관계를 맞게 작성했는지 서면으로 미리 확인하고, 다른 내용은 수정을 요구하고, 내용에 의문이 있다면 물어봐야 합니다.

사건을 진행하면서 변호사와 자주 연락할 것

미용실에 가서 '알아서 잘해주세요'라고 말한 후에 잠들어버리면, 눈을 떴을 때 거울 속 자신의 모습에 실망할 수 있습니다. 변호사 업무도 마찬가지입니다. 돈과 관련된 소송이라면 돈을 가장 많이 받아내는 것이 가장 만족스럽겠지만, 돈과 직접적으로 관련되지 않은 소송들도 매우 많으니 만족도가 의뢰인마다 다를 수 있답니다. 사건을 맡기고 머리가 아프다며 무관심하게 지내기보다는 변호사에게 연락해 사건이 어떻게 진행되고 있는지, 상대방의 주장은 무엇인지, 추가로 준비할 입증자료에는 무엇이 있는지 등을 물어보고, 이야기를 나누는 것이 좋습니다. 그래야만 변호사도 필요한 부분들을 의뢰인에게 요청하고, 의뢰인이 만족할 만한 소송 결과를 이끌어낼 수 있지요.

행정소송의 진행 과정

04

　　살다 보면 개인이 아닌 행정청과 분쟁이 생기는 경우도 있습니다. 예를 들어, 음식점을 운영하고 있는데 영업정지처분을 받는 경우(해당 구청장), 집을 짓고 싶어서 건축신고를 했는데 반려된 경우(해당 구청장), 자동차운전면허가 취소되는 경우(관할지방경찰청장) 등은 행정청이 처분을 내리는 것인데, 이러한 행정청이 한 처분의 적법 여부나 무효 여부에 대해 소송으로 다투는 경우, 이를 '행정소송'이라 합니다.[1]

1　행정소송이란, 행정청의 위법한 처분, 그 밖에 공권력의 행사·불행사 등으로 인한 국민의 권리 또는 이익의 침해를 구제하고 공법상의 권리관계 또는 법 적용에 관한 다툼을 적정하게 해결하는 것을 목적으로 법원에 제기하는 행정쟁송을 말합니다. 행정청의 위법한 처분, 그 밖에 공권력의 행사·불행사가 분쟁의 대상이지요. 행정소송은 크게 항고소송, 당사자소송, 민중소송, 기관소송으로 구분하는데, 그중에서도 항고소송이 대부분입니다. 항고소송이란, 행정청의 위법한 처분이나 부작위로 이익을 침해받은 자가 그 위법을 다투기 위해 제기하는 소송으로, 취소소송, 무효 등 확인소송, 부작위위법확인소송이 있습니다.

　•　취소소송: 행정청의 위법한 처분 등을 취소 또는 변경하는 소송

행정소송의 진행 과정

소장 제출(집행정지 신청)　　　　소장 부본 송달

원고 ──────────→ 법원 ──────────→ 피고(행정청)

원고 ←────────── 법원 ←────────── 피고

답변서 부본 송달　　　　　답변서 제출

처분 등이 있음을 안 날로부터 90일, 처분 등이 있은 날로부터 1년 이내(행정심판을 거친 경우, 재결서 정본을 송달받은 날부터 90일, 재결이 있은 날로부터 1년 이내)

변론기일

준비서면 제출　　　　준비서면 부본 송달

원고 ←────────── 법원 ←────────── 피고

준비서면 부본 송달　　　　준비서면 제출

변론종결
판결선고

(원고, 피고)　항소장 제출　　　　항소장 부본 송달

항소인 ──────────→ 법원 ──────────→ 피항소인

2심 법원으로 기록 송부

항소이유서 제출　　　　항소이유서 부본 송달

항소인 ──────────→ 법원 ──────────→ 피항소인

법원

←────────── ←──────────

항소답변서 부본 송달　　　　항소답변서 제출

변론기일
변론종결
판결선고

- 무효 등 확인소송: 행정청 처분 등의 효력 유무 또는 존재 여부를 확인하는 소송
- 부작위법확인소송: 행정청이 당사자의 신청에 대하여 상당한 기간 내에 신청을 인용하거나 기각하는 등의 처분을 할 법률상 의무가 있음에도 불구하고 이를 하지 않는 경우, 그 부작위가 위법함을 확인하는 소송

3심(대법원)으로 기록 송부

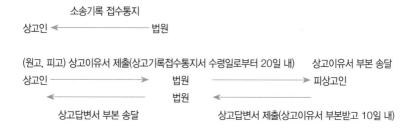

판결선고

행정소송법에서는 행정소송의 대상인 처분 등을 행한 행정청을 피고로 하도록 규정하고 있습니다. 그래서 위에서처럼 음식점 영업정지처분을 받아 다투는 사람은 그 영업정지처분을 내린 해당 구청의 구청장, 반려된 건축신고를 다투는 사람은 해당 구청의 구청장, 취소된 자동차운전면허를 다투는 사람은 해당관할지방경찰청장을 피고로 하게 되지요.

다른 법률에서 행정심판을 거치지 않으면 취소소송을 제기할 수 없다는 규정이 있는 경우를 제외하면,[2] 기본적으로 행정청의 처분 등을

---

2 예를 들어, 조세부과에 대해 다투고자 할 경우, 국세기본법 제56조 제2항은 '제55조에 규정된 위법한 처분에 대한 행정소송은 「행정소송법」 제18조 제1항 본문, 제2항 및 제3항에도 불구하고 이 법에 따른 심사청구 또는 심판청구와 그에 대한 결정을 거치지 아니하면 제기할 수 없다.'라고 하여 소송 전에 심사청구(국세청에) 또는 심판청구(조세심판원에)를 거치도록 하고 있습니다. 또한 특허청의 처분에 대해 다투는 경우, 특허법에 따라 특허심판원의 심결을 거쳐야만 소를 제기할 수 있지요(제소 기간: 결정문을 받은 날로부터 30일 이내). 특이한 점은 심결을 거친 후 제기하는 소송은 특허법원의 전속관할이고, 특허법원의 판결에 불복할 경우 2심이 아니라 대법원에 상고할 수 있습니다(특허법 제186조).

다투고자 하는 사람은 행정심판을 먼저 제기할 수도 있고, 행정심판을 거치지 않고 바로 행정소송을 제기할 수도 있습니다.

행정소송은 행정소송법에서 소송절차에 관한 규정을 두고 있고, 행정소송법에 규정이 없는 경우에는 민사소송법이 적용됩니다(행정소송법 제8조 제2항). 행정소송은 제소기간에 주의해야 하는데, 취소소송은 처분 등이 있음을 안 날로부터 90일 내(행정심판을 거친 경우에는 그 재결서의 정본을 송달받은 날로부터 기산) 및 처분이 있는 날로부터 1년 내에 제기하여야 합니다(행정소송법 제20조). 이 기간을 초과하면 위법한 처분이라 하더라도 소송으로 그 취소를 구할 수 없습니다. 무효 등 확인소송은 취소소송과 달리 제소기간의 제한이 없지만, 행정청의 처분이 무효로 인정되는 경우는 극히 드물기 때문에 제소기간 내에 취소소송을 제기하는 것이 좋습니다.

행정소송으로 끝나는 것 아니다

행정소송에서 주의할 점은 처분이 위법함을 다투며 취소소송을 제기했다고 해서 내려진 처분의 집행이나 절차가 정지되는 것은 아니라는 것입니다. 그래서 통상 소 제기(행정심판을 제기하는 경우, 행정심판청구)와 동시에 처분의 집행정지를 신청합니다. 법원은 처분의 집행 또는 절차의 속행으로 인해 생길, 회복하기 어려운 손해를 예방하기 위하여 긴급한 필요가 있다고 인정되면 집행정지 결정을 내리는데, 통상 본안소송의 판결선고 시까지 집행정지 결정을 내립니다.

행정심판의 진행 과정

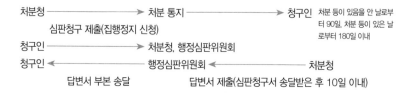

처분청 ──────────→ 처분 통지 ──────────→ 청구인　처분 등이 있음을 안 날로부
심판청구 제출(집행정지 신청)　　　　　　　　　　　　　터 90일, 처분 등이 있은 날
청구인 ──────────→ 처분청, 행정심판위원회　　　　로부터 180일 이내
청구인 ←────────── 행정심판위원회 ←────────── 처분청
답변서 부본 송달　　　　　　답변서 제출(심판청구서 송달받은 후 10일 이내)

위원회 사건조사, 심리, 의결

재결서 송달
청구인 ←────────── 행정심판위원회
↓ 불복 시 행정소송

　　　행정심판이란, 행정청의 위법·부당한 처분, 그 밖의 공권력 행사·
불행사 등으로 권리나 이익을 침해받은 국민이 행정기관에 제기하는 권
리구제 절차를 말합니다. 행정소송은 법원이 행하는 재판절차인 반면,
행정심판은 행정기관이 분쟁에 대한 심리, 판정을 합니다.

　　　행정심판은 법원의 행정소송에 비해 비용이 들지 않고, 절차가 간
편하기 때문에 행정 소송 제기 전 행정 심판을 통해 다투어보는 것도 좋
은 방법입니다.[3]

　　　행정심판 역시 기간을 반드시 지켜야 합니다. 취소심판은 처분이

3　온라인 행정심판을 지원하는 행정기관인 경우, 인터넷 '온라인행정심판(www.simpan.go.kr)' 사이
　트를 통해 행정심판을 청구하고 절차를 진행할 수 있습니다.

있음을 안 날로부터 90일 내 또는 처분이 있은 날로부터 180일 내에 제기해야 하고, 정당한 사유 없이 위의 기간 중 하나라도 경과하여 행정심판을 청구하면 부적법한 청구가 됩니다.

청구인의 행정심판청구가 있으면, 행정심판의 상대방인 처분청은 심판청구서를 받은 날로부터 10일 내에 답변서를 작성하여 행정심판위원회에 제출합니다. 행정심판위원회는 처분청이 제출한 답변서를 청구인에게 송달합니다.

행정심판위원회는 청구인과 처분청의 주장을 검토하고 심리 기일을 정하여 행정처분의 위법부당 여부를 판단하는 심리를 합니다. 심리가 이루어지면 행정심판위원회는 판단을 내리는데, 이를 '재결'이라 하지요. 재결서를 청구인과 처분청에 송달합니다. 재결은 심판청구서를 받은 날부터 60일 이내에 해야 하고, 부득이한 사정이 있으면 30일을 연장할 수 있지요. 재결은 '각하재결'과 '본안재결'이 있는데,[4] 재결에 불복할 경우, 행정소송을 제기해 다퉈볼 수 있습니다.

---

4 각하재결: 요건을 갖추지 못한 부적법한 행정심판인 경우, 본안심리를 하지 않는 재결
  본안재결:
  • 인용재결: 청구인의 청구가 이유 있다고 인정하여 청구를 받아들이는 재결
  • 기각재결: 청구인의 청구를 배척하는 재결
  • 사정재결: 청구인의 청구가 이유 있으나 청구를 인용하는 것이 공공복리에 크게 위배된다고 인정되는 경우, 청구를 기각하는 재결

05   법에서 전세는 뭐고, 월세는 뭔가요?

06   전셋집이 경매로 넘어간대요

07   주택임대차보호법이 주는 힘

08   부동산 계약을 할 때 유의할 점

09   집이 나가지 않는다고 집주인이 보증금을 주지 않아요

10   월세 내지 않는 세입자, 어떻게 하죠?

11   경매로 집을 샀는데, 세입자가 나가지 않아요

큰돈 지키는
부동산 법률 익히기

Common Sense Dictionary of Everyday Law

법에서 전세는 뭐고, 월세는 뭔가요?

05

전세권과 임대차

우리나라에서는 평생 소원이 내집마련이라고 이야기할 만큼 내집
마련이 쉽지 않은 것이 사실입니다. 따라서 집을 소유하고 있지 않은 사
람은 다른 사람의 집을 빌려 사용해야 하고, 다른 사람의 집을 빌려 사용
하다가 계약 기간이 끝난다거나 다른 이유로 이사해
야 할 필요가 생기면 또다시 다른 사람의 집
을 빌려야 합니다. 다른 사람의 집을 빌리
는 데에는 크게 전세권자로서 빌리는 방
법과 임차권자로서 빌리는 방법이 있습니
다. 법률적인 용어로 전자는 '전세권계약',
후자는 '임대차계약'이라고 합니다. 그런
데 주의할 점은 집주인과 전세계약서를

쓰고 집주인에게 전세금 명목으로 돈을 주었더라도, 전세권 등기를 하지 않으면 민법에서 정한 전세권으로 인정되지 않는다는 점입니다. 통상 이를 채권적 전세, 미등기 전세라고 하지요. 현실적으로 전세권등기나 임대차등기를 집주인이 달가워하지 않다 보니 전세계약을 체결하더라도 전세권설정등기를 하지 않고 거주하는 경우가 대부분입니다.

전세권과 임대차의 차이점

① 전세권은 물권, 임대차는 채권

전세권과 임대차가 뭐가 다르냐고요? 전세권은 물권이고, 임대차는 채권입니다.

전세권은 민법의 물권편에 규정되어 있습니다.

제303조(전세권의 내용) ① 전세권자는 전세금을 지급하고 타인의 부동산을 점유하여 그 부동산의 용도에 좇아 사용·수익하며, 그 부동산 전부에 대하여 후순위권리자, 기타 채권자보다 전세금의 우선변제를 받을 권리가 있다.

그리고 임대차는 민법의 채권편에 규정되어 있지요.

제618조(임대차의 의의) 임대차는 당사자 일방이 상대방에게 목적물을 사용, 수익하게 할 것을 약정하고, 상대방이 이에 대하여 차임을 지급할 것을 약정함으로써 그 효력이 생긴다.

물권[1]이란, 특정 물건을 직접 지배하고 그 물건에서 배타적으로 이익을 얻을 수 있는 권리입니다. 소유권, 저당권, 전세권 등이 물권이지요. 채권은 특정인에 대해 계약에 기한 급부를 청구할 수 있는 권리입니다. 매매계약, 고용계약, 임대차, 사용대차 등이 채권이지요. 물권은 법률에 규정되어 있거나 관습법에 의한 것 외에 당사자끼리 합의로 새로운 유형의 물권을 만들 수는 없습니다. 반면, 채권은 당사자 간에 계약으로 선량한 풍속에 반하지 않는 한 얼마든지 다양한 유형의 채권을 만들 수 있지요.

② 전세권은 임의경매, 임대차는 집행권원 취득 후 강제경매

전세계약을 체결하고 전세권 설정등기를 하면 나중에 계약한 기간이 만료되어 집을 나왔을 때, 집주인이 전세금을 돌려주지 않으면 곧바로 전세권에 기해 경매법원에 경매신청을 할 수 있습니다. 이 경우, 집이 경매로 매각되면 전세권자는 그 매각대금에서 후순위권리자에 앞서 우선적으로 전세금을 배당받을 수 있습니다. 다만 전세권자보다 먼저 선순위권리를 취득하고 있는 다른 사람이 있다면, 그 다른 사람(선순위권리자)에게 먼저 배당이 이루어지기 때문에 전세권자에게 배당되는 금액이 전세금보다 적을 수도 있습니다. 따라서 전세권계약을 하기 전에 미리

---

1 물권은 민법에 규정된 점유권, 소유권, 지상권, 지역권, 전세권, 유치권, 질권, 저당권 외에 상법의 상사유치권(상법), 상사질권(상법) 기타 특별법상의 자동차저당권(자동차관리법), 광업권(광업법) 항공기저당권(항공안전법) 등이 있습니다.

부동산등기부를 열람해서 선순위권리자가 있는지를 반드시 확인해보아야 합니다. 참고로 부동산등기부에 나타난 여러 권리자 간의 우열 관계는 등기부에 표시되어 있는 접수일자 및 접수번호[2]를 기준으로 판단합니다. 하지만 임대차는 곧바로 경매를 신청하는 단계까지 갈 수 없습니다. 민사법원에 '임대차보증금 반환청구소송'을 해서 판결문을 받아 집행권원을 취득한 후에야 강제경매를 신청할 수 있지요.

③ 전세권은 우선변제권이 있지만, 임대차는 없다

위에서 전세권 조항과 임대차 조항에서 차이점을 찾아보세요. 사용, 수익한다는 내용은 같지만 전세권에만 '그 부동산 전부에 대하여 후순위권리자 기타 채권자보다 전세금의 우선변제를 받을 권리가 있다'고 되어 있지요? 물권은 채권에 우선합니다. 그래서 전세권설정등기된 부동산이 경매처분되면, 전세권자는 일반채권자보다 우선해서 경락대금에서 배당받을 수 있지요. 물권의 순위는 등기된 순서대로 결정됩니다. 선순위물권자는 후순위물권자보다 우선해서 변제받을 수 있지요.

용어만 가지고 이야기하면 복잡하지요? 하지만 사실 우리는 물권과 물권은 등기가 된 순서대로 순위가 결정된다는 걸 알고 있습니다. 보통 우리가 전세를 알아볼 때, 필수적으로 등기부등본을 발급받아 문제가 없는지 확인하지요. 만약, 1순위로 은행에 저당권이 설정되어 있는

---

2 부동산등기부에 표시되어 있는 접수일자 및 접수번호는 '2017년 3월 22일 제33117호'와 같은 형식으로 기재되어 있습니다.

데, 시세에 비해 저당권 설정금액이 많으면, 집주인에게 저당권을 말소 시켜달라고 하거나 전세금을 줄이려고 합니다. 먼저 설정되어 있는 저 당권이 전세권자가 될 나보다 우선한다는 걸 어렴풋이나마 알기 때문 이지요.

전셋집이 경매로 넘어간대요

경매는 왜 하는가?

전셋집이 경매로 넘어가는 경우에 대비하기 위해서는 집이 왜 경매로 넘어가는지 알아둘 필요가 있습니다.

경매는 '임의경매'와 '강제경매'가 있습니다. 임의경매는 전세권자나 저당권자 등이 목적물에 대한 경매를 실행하는 것을 말합니다. 반면, 강제경매는 일반채권자가 채무명의(확정된 이행판결, 가집행선고부판결, 확정된 지급명령, 화해조서, 조정조서, 공증된 금전채권문서 등 강제집행을 인정한 공적인 문서)에 기해 채무자 소유 부동산에 대해 경매를 실행하는 것을 말하지요.

저당권[1]이란 무엇일까요? 저당권은 민법의 물권편에 규정되어 있습니다.

조항의 내용대로 채무자나 제삼자가 채무의 담보로 제공한 부동산에 대해 다른 채권자보다 자기 채권의 우선변제를 받을 수 있는 권리입니다. 저당권은 채무를 담보하기 때문에 담보물권입니다. 앞에서 물권이 채권보다 우선한다고 설명드렸죠? 돈을 빌려주고 저당권을 설정한 저당권자는 아무런 담보 설정 없이 돈을 빌려준 채권자보다 배당에서 우선적으로 돈을 받을 수 있습니다. 이를 '우선변제권'이라고 하지요.

반면, 물권은 등기되는 순서대로 순위가 결정됩니다. 그러므로 1순위 저당권자 A, 2순위 저당권자 B, 일반채권자 C가 배당을 받는다면 A, B, C 순으로 배당받게 되는 겁니다.

어렵죠? 하지만 잘 알아놓아야 집 잃고 돈 잃는 불상사를 예방할 수 있습니다.

쉬운 예로, 집주인이 은행에서 집을 담보로 대출받는다고 가정해볼게요. 매월 이자를 납부하는 조건으로 1년 후에 갚기로 하고 5,000만 원을 대출받습니다. 은행에서는 돈을 빌려주면서 등기부에 채권최고액을 6,000만 원으로 설정해 근저당권설정을 등기합니다.

---

1 민법 제356조(저당권의 내용) 저당권자는 채무자 또는 제삼자가 점유를 이전하지 아니하고 채무의 담보로 제공한 부동산에 대하여 다른 채권자보다 자기채권의 우선변제를 받을 권리가 있다.

5,000만 원을 대출했는데 6,000만 원을 담보 잡는 건 뭐고, 저당권이라더니 근저당권은 뭐냐고요? 생각해보세요. 은행은 집주인이 매월 내야 하는 대출이자를 내지 못하거나 돈을 갚기로 한 날에 돈을 갚지 못해 발생하는 연체이자를 받아야 하는 경우까지 고려해야 합니다. 따라서 통상 빌려준 금액보다 좀 더 많은 금액을 담보로 잡지요. 그런데 대출이자를 내지 못하거나 연체이자를 내야 하는 일은 아직 발생한 일이 아니므로 채권의 최고액만 정하고, 채권액의 확정을 장래로 보류하는 겁니다. 그러니까 은행은 '내가 빌려준 돈을 집주인이 갚지 못하면 나는 이 집을 경매로 넘겨 6,000만 원까지 우선적으로 받을 거야!'라고 선언하는 것이지요.

집주인이 이자를 연체해 기한의 이익을 상실했거나 변제기에 변제하지 못하면 은행은 법원에 임의경매를 신청합니다. 집이 매각되면 경매로 집을 산 사람은 매각대금을 내겠죠? 은행은 (1순위 근저당권자일 경우) 채권최고액인 6,000만 원의 범위 내에서 실제로 빌려준 원금 5,000만 원과 그에 대한 미납이자, 연체이자, 각종 비용을 다 포함해서 우선적으로 변제받게 됩니다.

따라서 근저당권과 같은 담보권이 설정되어 있는 주택을 임차하는 경우에는 주택의 시세와 근저당권에서 정하고 있는 채권최고액을 비교하여 집주인에게 지급한 임대보증금을 제대로 회수할 수 있는지 따져보아야 합니다. 보통 주택이 경매로 넘어가면, 시세보다 매각대금이 더 낮을 것이고, 거기서 채권최고액에 해당하는 금액은 우선적으로 담보권자가 회수할 테니까요.

임대차보증금채권에 물권만큼의 효력을 부여해주는 방법

: 주택인도 + 전입신고 + 확정일자

왜 경매가 이루어지는지 아시겠지요? 그런데 뭔가 이상하다는 생각이 드실 겁니다. 제가 임대차는 채권이고, 전세권, 저당권은 물권이라고 설명드렸죠? 물권은 채권에 우선한다고도 설명드렸네요. 예를 들어, 세입자가 근저당권 같은 담보권이 설정되어 있지 않은 깨끗한 집을 골라 계약을 하고 전세권설정등기를 하지 않고 거주하던 중 집주인이 은행에 집을 담보로 돈을 빌리면서 여러 개의 저당권을 설정해주고 집이 경매로 넘어갔다면? 전세권설정등기를 하지 않은 세입자는 저당권자에게 배당순위가 밀리는 걸까요? 집주인이 전세권설정등기를 꺼리는 현실에서 너무 부당하지 않을까요? 어떤 세입자도 마음 놓고 살 수 없을 겁니다.

다행히 걱정하지 않으셔도 된답니다! 이런 현실을 반영해 '주택임대차보호법'에서 임대차라는 채권에 물권만큼 강력한 효력을 부여할 수 있는 방법을 만들어 놓았습니다. 바로 부동산을 인도받고, 전입신고를 하고, 확정일자를 받는 것이지요. 이 세 가지 중 하나라도 빠지면 안 됩니다. 세 가지를 다 하면 세입자는 대항력(주택인도 + 전입신고)과 우선변제권(대항력 + 확정일자)을 갖게 됩니다. 주택임대차보호법은 미등기 전세에도 준용되기 때문에 전세계약을 체결하고 등기하지 않은 경우에도 동일하게 적용됩니다.

대항력이란, 주택의 양수인, 임차주택에 관해 이해관계가 있는 사람에게 임대차의 내용을 주장할 수 있는 힘을 말합니다.

그리고 우선변제권은 임차주택이 경매로 처분되는 경우, 환가대금에서 후순위권리자나 그 밖의 채권자보다 우선해서 보증금을 변제받을 수 있는 권리를 말합니다.

그러니까 (근)저당권이 설정되어 있지 않은 집에 전세로 거주할 때, 집을 인도받고, 전입신고를 마치고, 전세계약서에 확정일자를 받으면, 전세권설정등기를 하지 않더라도 물권만큼 강력한 힘을 갖게 되고, 나중에 후순위로 (근)저당권이 설정되더라도 집이 경매로 넘어갔을 때 후순위 (근)저당권자에게 밀리지 않고 매각대금에서 우선하여 배당받을 수 있습니다. 이때 주의할 점은 대항력은 주택을 인도받고 전입신고를 마친 다음날부터 효력을 갖는다는 것입니다. 보통은 계약서를 작성하고 몇 주 있다가 잔금을 치르지요? 그러니 잔금을 치르고 주택을 인도받는 당일에도 그 사이 설정된 (근)저당권은 없는지 등기부를 한 번 더 확인할 필요가 있습니다.

구체적으로 (근)저당권이 있는 주택에 임대차(미등기전세)를 살다 주택이 경매로 넘어간 경우와 (근)저당권, 압류, 가압류 등이 설정되지 않은, 흔히 말하는 '부동산등기부가 깨끗한' 주택에 임대차(미등기전세)를 살다 주택이 경매로 넘어간 경우를 나누어 설명해볼게요.

가. 선순위 근저당권이 있는 집에 인도 + 전입신고 + 확정일자를 마친 경우

(1) 배당받기

임차인이 거주하기 전에 이미 은행이나 채권자로부터 (근)저당권이 설정되어 있는 주택에 거주하는 경우입니다. 원칙적으로 경매로 부동산을 매각하게 되면 부동산에 등기된 모든 저당권은 매각으로 소멸됩니다. 그리고 (근)저당권보다 늦게 등기했기 때문에 저당권에 대항할 수 없는 전세권, 임차권도 모두 소멸하게 되지요. 그렇기 때문에 임차인은 매수인에게 '전 집주인이랑 계약한 기간이 남았는데요?'라고 대항할 수 없습니다. 매각대금에서 선순위자인 (근)저당권자에게 배당되고 남은 나머지 금액에서 배당을 받게 되고, 그렇게 배당받은 금액이 실제로 반환받아야 하는 임대차보증금보다 적은 금액이었다고 하더라도 더 이상은 임차권을 주장하지 못하고 집을 비워주어야 합니다.

법원에서 경매신청을 받아들여 경매개시결정을 내리면 해당 부동산과 이해관계가 있는 사람들(압류채권자, 임차인, 전세권자, 저당권자, 부동산가압류권자 등)에게 권리신고 및 배당요구를 하라는 통지를 보냅니다. 이 기간에 반드시 권리신고 및 배당요구를 하도록 합니다. 경매법원은 기한 안에 서류를 작성한 후 조사된 내용을 바탕으로 부동산현황을 공고하면서 매각기일을 잡지요. 부동산이 매각되면 배당기일을 잡습니다. 배당기일에 출석해 배당금액을 확인하고 이의가 없으면 배당받게 됩니다.

(2) 민사소송 제기

받아야할 금액 중 일부만 배당받았다면 나머지 금액은 어떻게 해야 할까요? 당연히 임대보증금을 반환할 책임을 지고 있던 임대인으로부터 나머지를 받아야 합니다. 계약을 체결한 임대인에게 민사소송을 제기해 반환받지 못한 금액을 청구할 수 있습니다.

나. 선순위 권리가 없는 집에 인도 + 전입신고 + 확정일자를 마친 경우

(1) 계약기간까지 살기

대항력이 있는 임차인은 경매가 되더라도 임차권이 소멸하지 않습니다. 경매로 집을 낙찰받은 매수인에게 '나 이 집에서 계약기간까지 살 수 있는 사람이야!'라고 대항할 수 있지요. '권리신고 및 배당요구'를 하지 않고 지내면 경락받은 매수인이 보증금을 반환할 의무를 인수하고 경락받게 됩니다. 임차인은 계약기간까지 살다가 계약이 만료되었을 때 매수인에게 보증금을 받아 나오면 됩니다.

(2) 배당받기

집에서 계속 거주하는 것이 싫다면 배당요구를 해서 배당금을 받아 나올 수도 있습니다. '권리신고 및 배당요구신청서'를 법원에 제출하면 임대차계약해지의사를 표시한 것으로 간주되므로 경락대금에서 임대차보증금을 우선 배당받아 집을 나올 수 있어요.[2]

다. 소액임차인에게는 더욱 강력한 보호! – 최우선변제권

소액임차인에게는 물권만큼의 강력한 힘을 주는 것뿐만 아니라 물

---

2 집에서 계속 거주하고 싶다거나, 배당에서 보증금 전부를 받지 못할 것으로 생각되면 경매로 나온 주택을 매수하는 방안도 고려해볼 수 있습니다. 채권자가 경락인인 경우에는 상계신청을 통해 매수 대금에서 배당받을 금액을 제하고 납부할 수 있습니다.

권보다 강력한 힘을 줍니다. 바로 선순위저당권보다 우선해서 배당금을 받을 수 있는 최우선변제권이지요. 일정 금액 이하의 보증금을 지급하고 임차하는 경우, 주택 가액의 1/2에 해당하는 금액 내에서 최우선적으로 변제받을 수 있는 금액을 정해두고 있습니다. 기준금액은 「주택임대차보호법시행령」에서 시대 상황을 고려해 규정하고 있지요.

「주택임대차보호법 시행령」의 개정으로 2018. 9. 18.부터 현재까지 변동되어온 우선변제를 받을 소액임차인의 범위와 최우선변제금액의 한도를 정리하면 아래 표와 같습니다.

시기	지역	소액임차인의 범위(보증금 기준)	최우선 변제금액
2018. 9. 18~ 2021. 5. 10	서울특별시	1억 1천만 원 이하	3,700만 원 한도
	「수도권정비계획법」에 따른 과밀억제권역(서울특별시 제외), 세종특별자치시, 용인시, 화성시	1억 원 이하	3,400만 원 한도
	광역시(「수도권정비계획법」에 따른 과밀억제권역에 포함된 지역과 군지역은 제외), 안산시, 김포시, 광주시, 파주시	6,000만 원 이하	2,000만 원 한도
	그 밖의 지역	5,000만 원 이하	1,700만 원 한도
2021. 5. 11~ 현재	서울특별시	1억 5천만 원 이하	5,000만 원 한도
	「수도권정비계획법」에 따른 과밀억제권역(서울특별시는 제외한다), 세종특별자치시, 용인시, 화성시 및 김포시	1억 3천만 원 이하	4,300만 원 한도

2021. 5. 11~ 현재	광역시(「수도권정비계획법」에 따른 과 밀억제권역에 포함된 지역과 군지역 은 제외한다), 안산시, 광주시, 파주시, 이천시 및 평택시	7,000만 원 이하	2,300만 원 한도
	그 밖의 지역	6,000만 원 이하	2,000만 원 한도

이때 주의할 점은 「주택임대차보호법 시행령」 개정 전에 담보물권을 취득한 자에 대하여는 개정 전의 시행령 규정에 의한다는 것입니다. 이는 소액임차인보다 먼저 권리를 취득한 (근)저당권자와 같은 담보물권자가 담보권을 취득할 당시에 예상할 수 있었던 범위 내에서만 소액임차인의 우선변제권을 인정하기 위함이지요.

예를 들어, 2016. 3. 31.~2018. 9. 17.까지 서울특별시 지역 소액임차인은 보증금 1억 1천만 원 이하이고 최우선변제금의 한도는 3,700만 원이었습니다. 근저당권이 2018. 2. 1.에 1순위로 설정된 서울특별시 소재 주택에 대해서 집주인과 2019. 6. 1.에 임대차계약을 체결할 경우에 소액임차인으로 최우선변제권을 가지려면, 근저당권이 설정된 당시의 보증금 기준인 1억 원 이하로 보증금을 정해야 추후 경매절차가 진행되었을 때 3,700만 원을 최우선변제 받을 수 있지요. 즉 보증금 1억 1천만 원에 주택인도 + 전입신고 + 확정일자를 받아두면 우선 3,700만 원에 대해서는 근저당권자보다 앞서 배당받을 수 있고, 나머지 금액은 저당권자, 후순위권자 등 원칙적인 순서대로 배당받게 되는 겁니다.

원칙적으로 위 금액 이하에 해당하고, 대항력(주택인도 + 전입신고)만 있으면, 최우선변제권이 생겨 일부 금액을 가장 우선적으로 배당받을 수 있습니다. 하지만 보증금 전부를 받을 수 있는 것이 아니니 확정일자도 꼭 받아두세요. 셋 중 하나라도 마치지 않아 찾아오는 의뢰인들이 의외로 많답니다. 반드시 3개 모두 마쳐야 나중에 법적 분쟁을 막을 수 있다는 점을 기억하세요.

권리신고 및 배당요구신청서(주택임대차)

사건번호 2021타경 1234 부동산 강제경매
채권자: 김감독
채무자: 이감독
소유자: 이감독

임차인은 이 사건 매각절차에서 임차보증금을 변제받기 위하여 아래와 같이 권리신고 및 배당요구신청을 합니다.

아 래

1. 임차 부분　　전부(방 3칸), 일부(　　　층　　　방　　칸)
(* 건물 일부를 임차한 경우, 뒷면에 임차부분을 특정한 내부구조도를 그려주시기 바랍니다.)

2. 임차보증금　　　　　보증금 3,000만 원에 월세 50만 원정

3. 점유(임대차)기간　　2020. 1. 3.부터 2022. 1. 2.까지

4. 전입일자(주민등록전입일)　　　2020. 1. 3.

5. 확정일자 유무　　　　　유(2020. 1. 3.), 무

6. 임차권·전세권등기　　　　유(20 .　.　.)

7. 계약일　　　　　　　　　2019. 12. 3.

8. 계약당사자　　　　　　　임대인(소유자) 이감독　임차인 최연출

9. 입주한 날(주택인도일)　　2020. 1. 3.

첨부 서류
1. 임대차계약서 사본 1통
2. 주민등록표등(초)본 1통

2021.　6.　3.

권리신고 겸 배당요구신청인__최연출　(날인 또는 서명)

(주소:　　　　　　　　　　　　　　)

(연락처:　　　　　　　　　　　　　)

주택임대차보호법이
주는 힘

07

내집 없는 설움, 주택임대차보호법이 위로해준다

국민 주거생활의 안정 보장을 목적으로 주택임대차보호법이 제정
되었습니다. 주거용 건물(주택)을 임차한 대한민국 국민이라면 누구나
대항요건(주택의 인도 + 전입신고 + 확정일자)을 갖추면 주택임대차보호법
의 보호를 받을 수 있습니다. 주택임대차보호법은 경제적 약자인 임차
인을 보호하기 위한 것이므로 법인은 원칙적으로 주택임대차보호법을
적용받지 못합니다. 다만, 예외적으로 중소기업기본법에 따른 중소기업
에 해당하는 법인이 소속 직원의 주거용으로 주택을 임차하는 경우에는
주택임대차보호법을 적용받을 수 있습니다(이 경우에는 법인이 임대차계
약을 체결하고, 그 법인이 선정한 직원이 주택을 인도받고 주민등록을 마쳐야
대항력을 인정합니다).

계약기간은 최소 2년

주택임대차보호법의 적용을 받으면 주택의 임대차 존속기간은 최소 2년입니다. 임대차 기간을 정하지 않았거나 2년 미만으로 정한 경우에도 2년의 임대차 기간이 보장됩니다. 반대로 임차인의 필요에 의해 임대인과 1년만 살기로 계약했다면 이 역시 유효합니다. 임차인은 2년 미만으로 정한 기간이 유효함을 주장할 수 있습니다.

중간에 집주인이 바뀌면 새로운 집주인에게 보증금 반환 요구 가능

임대차계약을 체결하고 지내는 도중, 집주인이 집을 파는 경우가 종종 발생합니다. 주택임대차보호법 제3조 제4항에서 '임차주택의 양수인(그 밖에 임대할 권리를 승계한 자를 포함한다)은 임대인의 지위를 승계한 것으로 본다'라고 규정하고 있으므로, 새로운 집주인과 다시 계약을 체결하지 않더라도 임대차의 효력이 그대로 지속됩니다. 계약이 만료되면

> **알아두세요! 주택임대차보호법이 계속 변화하고 있습니다.**
>
> **1. 임대인의 계약갱신거절, 계약조건변경통지는 2개월 전까지**
> 2020. 12. 10. 이후 최초로 체결되거나 갱신된 임대차계약부터는 임대인은 임대차 기간이 끝나기 6개월 전부터 2개월 전까지의 기간에 해야 합니다.
>
> **2. 임차인의 갱신청구가능**
> 2020. 7. 31. 주택임대차보호법 개정으로, 임차인은 1회에 한해 임차한 집에서 2년간 더 거주할 수 있는 '계약갱신청구권'이 생겼습니다. 개정 규정은 시행 당시 유지 중인 임대차계약에도 적용됩니다. 여기에는 임대인이 계약 갱신을 거절할 수 있는 예외 사유도 포함되어 있으니 참고하는 것이 습니다(주택임대차보호법 제6조의3 참조).

새로운 집주인한테 보증금을 받아 나오면 되지요(그 대신 주택을 인도받고 전입신고를 마쳐 대항력이 있어야 합니다). 그런데 임차인의 입장에서 새로 바뀐 임대인에게 나중에 보증금을 받을 수 있을지 확신할 수 없는 경우도 있을 겁니다. 그럴 땐 당초 계약을 체결한 집주인에게 계약 승계를 원하지 않으므로 계약을 해지하겠다는 내용증명을 보내고, 당초 계약을 체결한 집주인에게 보증금을 받아 나오면 됩니다.

아무런 이야기가 없으면 동일한 조건으로 임대차계약갱신

임대인이 임대차계약 기간이 끝나기 6개월 전부터 1개월 전까지(2020. 12. 10.이후 최초로 체결되거나 갱신된 임대차는 임대차 기간이 끝나기 6개월 전부터 2개월 전까지)의 기간에 임차인에게 갱신거절의 통지를 하지 않거나 계약조건을 변경하지 않으면 갱신하지 않겠다는 뜻의 통지를 하지 않은 경우에는 그 기간이 끝난 때에 전임대차와 동일한 조건으로 다시 임대차한 것으로 봅니다. 그리고 임차인이 임대차 기간이 끝나기 1개

알아두세요! **집을 팔 때는 보증금반환의무자를 명확하게 정하세요**

대항력이 있는 임차인이라면 위 주택임대차보호법 제3조 제4항에 따라 양수인에게 임대인의 지위와 임대차보증금반환 채무가 승계되고, 집을 파는 사람의 임대인으로서 지위나 보증금반환 채무는 소멸합니다. 그런데 대항력이 없는 임차인이라면 위 조항에 해당하지 않습니다. 따라서 집을 파는 집주인은 집을 팔 때 되도록 임차인에게, 바뀌는 집주인에게 보증금을 받고 전주인에게는 보증금을 요구하지 않는다는 동의서를 서면으로 받아두는 것이 좋습니다. 자칫하면 임차인이 계약 만료가 다 되어서 집을 이미 팔아버린 집주인에게 보증금을 달라고 할 수도 있거든요.

월 전까지 통지하지 않은 경우에도 똑같습니다. 이를 '묵시적 갱신'이라고 합니다. 이 경우, 임대차의 존속기간은 2년입니다. 이렇게 계약이 갱신되었더라도 임차인은 언제든 임대인에게 계약해지를 통지할 수 있고, 임대인이 그 통지를 받은 날로부터 3개월이 지나면 계약해지의 효과가 발생합니다. 단, 묵시적 갱신은 임차인이 월세를 2기에 달하도록 연체하거나 그 밖에 임차인으로서의 의무를 현저히 위반한 경우에는 적용되지 않습니다.

올릴 수 있는 차임은 한계가 있다

임대인은 매월 내는 월세나 보증금이 조세, 공과금 등 부담의 증감이나 경제사정의 변동으로 적절하지 않은 경우, 장래에 대해서 증감을 청구할 수 있지만, 주택임대차보호법은 이에 대한 상한선을 정해놓았습니다. 이는 주택임대차보호법시행령에서 정하고 있는데, 현재는 약정한 월세나 보증금의 1/20을 초과할 수 없도록 해두고 있지요. 그리고 임대차계약을 체결한 지 1년이 지나야 하고, 한 번 증감한 뒤로 1년 내에는 또다시 증감할 수 없습니다.

월세로 전환해도 한계가 있다

금리가 낮다 보니 목돈의 보증금보다는 매월 월세를 받기를 원하는 임대인이 늘고 있습니다. 임차인과의 합의하에 보증금의 전부나 일부를 월 단위 차임으로 전환하는 경우가 있는데요, 이 경우에 일정 범위를 초과할 수 없도록 정하고 있습니다. 현재는 ① 월차임으로 전환되는 금액에, ② 대통령령으로 정하는 이율(10%)과 한국은행에서 공시한 기준금리에 대통령령이 정하는 이율(2%)을 더한 이율 중 낮은 이율을 곱하여, ③ 그 금액의 범위를 초과할 수 없도록 하고 있습니다.

예를 들어, 보증금 1억 5,000만 원을 보증금 5,000만 원에 월세로 전환하려는 경우를 가정해볼게요. 2021년 6월 기준 한국은행 기준금리는 0.5%입니다. 여기에 대통령령이 정하는 2%를 더하면 2.5%가 되네요. 2.5%가 10%보다 낮은 이율이므로 2.5%를 적용합니다.

- (월차임으로 전환할 금액 × 전환이율) ÷ 12개월
  = 전환되는 월세 상한액
- (1억 원 × 2.5%) ÷ 12개월 = 208,333원

즉, 1억 원을 월세로 전환할 때 월세의 최대한도는 208,333원입니다.

주택인도 + 전입신고 + 확정일자 받는 방법

1. 주택인도

말 그대로 임대차계약을 체결한 집을 인도받고, 그 집에서 거주하는 것을 뜻합니다.

2. 전입신고

전입신고란, 하나의 세대에 속하는 사람의 전원 또는 일부가 거주

지를 이동할 때 새로운 거주지의 시장, 군수 또는 구청장에게 하는 신고입니다. 임대차보호법에서는 인도와 주민등록을 마쳐야 그 다음 날로부터 제3자에 대해 대항력이 생긴다고 정하고 있는데, 전입신고를 한 때에 주민등록이 된 것으로 봅니다.

세대주 등 신고의무자는 새로운 거주지에 전입한 날로부터 14일 내에 전입신고를 해야 합니다. 세대주가 전입 신고를 하는 경우에는 세대주 본인 신분증, 세대주 아닌 세대원이 신청을 하는 경우에는 세대주 신분증, 도장 그리고 세대원 신분증이 필요합니다. 세대주 위임을 받아 신고하는 세대주 배우자, 세대주의 직계혈족, 세대주의 배우자의 직계혈족 또는 세대주의 직계혈족의 배우자는 위임장란에 세대주의 위임을 받고, 세대주의 주민등록증 등 신분증명서를 함께 제시합니다.

이때 임차하는 부동산 주소와 등기부등본상 주소는 반드시 동일해야 하니, 등기부등본에 기재된 번지, 동, 호수를 확인하고 전입신고를 해야 합니다. 주의할 점은 임차주택에서 전입신고를 하고 살다가 다른 곳에 전입신고를 하면, 그때부터 임차주택에 대한 대항력은 소멸한다는 것입니다. 다만, 판례는 대항력을 취득한 임차인이 가족과 함께 주택에 대한 점유를 계속하고 있으면서 그 가족의 주민등록을 그대로 두고 임차인의 주민등록만 일시적으로 옮긴 경우에는 전체적으로나 종국적으로 주민등록의 이탈이라고 볼 수 없어 대항력을 상실하지 않는 것으로 보고 있습니다.

3. 확정일자

확정일자란, 증서가 작성된 날짜에 주택임대차계약서가 존재하고 있음을 증명하기 위해 법률상 인정되는 일자를 말합니다. 대항력 있는 임차인이 경매절차에서 배당요구를 하는 경우, 확정일자가 언제로 기재되어 있는지에 따라 배당받는 순위가 결정되니 매우 중요합니다. 확정일자는 주택 소재지의 읍·면사무소, 동 주민센터 또는 시(특별시·광역시·특별자치시는 제외하고, 특별자치도는 포함함)·군·구(자치구를 말함)의 출장소, 지방법원 및 그 지원과 등기소 또는 '공증인법'에 따른 공증인(이하 "확정일자부여기관"이라 함)에게 부여받을 수 있습니다. 방법은 간단합니다. 주택임대차계약증서를 소지하고 위의 확정일자부여기관에 찾아가 확정일자를 부여받는 것이지요. 단, 주택임대차계약서에 임대차목적물, 임대인, 임차인의 인적사항, 보증금, 차임, 임대차 기간이 적혀 있는 완성된 문서여야 합니다.

알아두세요! **전입신고와 확정일자를 인터넷에서 할 수 있다**

인터넷을 통해서도 전입신고와 확정일자부여를 해결할 수 있습니다. 전입신고는 인터넷 민원24(http://www.minwon.go.kr) 웹 사이트에서, 확정일자는 인터넷 대한민국법원인터넷등기소(http://www.iros.go.kr) 웹 사이트에서 부여받을 수 있지요. 등록된 확정일자 정보도 열람할 수 있습니다(2014. 1. 1. 이후로 확정일자를 받은 주택에 한하고, 공증인에게 받은 확정일자는 제외). 단, 소유자, 임대인, 임차인, 저당권자, 임차권자, 가등기권리자, 압류채권자 등 주택에 대한 이해관계인만 확인이 가능합니다.

부동산 계약을 할 때 유의할 점

등기부등본확인은 필수

마음에 드는 집을 보았다고 해서 바로 전세나 월세계약을 체결해서는 안 됩니다. 반드시 해당 부동산의 등기부등본을 발급받아볼 필요가 있지요. 부동산등기부란, 토지나 건물과 같은 부동산의 표시와 부동산의 권리관계의 득실변경에 관한 사항을 적는 공적 장부입니다. 등기부등본의 갑구에는 소유권에 관한 사항을 기재하고, 을구에는 소유권이외의 권리에 관한 사항을 기재합니다. 등기부등본을 보면, 이 집은 언제 지어졌는지, 지금 소유자가 언제 이 집을 매매했는지, 소유자가 이 집을 매수하면서 얼마를 담보로 빌렸는지 등 집에 관한 이야기가 나와 있습니다. 등기부등본은 누구든 대법원 인터넷등기소(www.iros.go.kr)에서 발급받을 수 있습니다.

반환 가능성 확인

전세계약을 체결한 후 전세금을 내고 거주하고 있는데, 경매에 넘어가게 되었다고 가정하고, 내가 낸 전세금을 모두 받을 수 있을지 고려해보아야 합니다. 예를 들어, 시세가 2억 원인데 은행에서 집을 담보로 근저당권이 6,000만 원 설정되어 있다고 가정해볼게요. 만약, 집주인이 이자를 내지 못하거나 변제하지 못해 은행에서 임의경매를 실행하면 세입자가 배당받을 수 있는 금액은 1억 4,000만 원 미만이 됩니다. 경매낙찰가는 보통 시세보다 낮은데다 6,000만 원은 은행에서 먼저 배당받게 될 테니까요(종합부동산세, 종합토지세 등 해당 물건에 대한 세금(당해세)이 미납되어 있다면 금액은 더욱 줄어듭니다). 그런 상황에서 1억 5,000만 원에 전세계약을 하면 나중에 전세금전액을 전부 배당받기 힘들 가능성이 크겠죠? 반드시 만약을 고려해야 합니다. 시세보다 저렴한 전세가 나와서 등기부등본을 떼어보면 이렇게 저당이 잡혀 있는 경우가 많습니다. 보증금 아끼려다가 돈을 떼일 염려는 없는지 잘 생각해보고 계약해야겠지요.

집주인의 자력을 확인하는 것도 중요

경매의 위험이 있지 않은지, 나중에 계약이 만료되었을 때 집주인한테 온전히 전세금을 돌려받을 수 있을지는 등기부등본을 통해 어느 정도 예상할 수 있습니다. 예를 들어, 국민건강보험공단 압류가 기재되어 있다면 건강보험료를 체납했다는 사실을 알 수 있고, 가압류가 있다면 채권채무관계가 있을 수 있다는 사실을 예상해볼 수 있지요. 이런 소유자라면 자력이 좋은 상황이 아닐 수 있습니다. 또한 소유권이전등기를 하거나 근저당권설정등기를 할 때 등기부등본에 소유자의 집주소도 기재되니 현재 소유자가 살고 있는 부동산이 소유자의 자산인지도 확인해보세요. 나중에 전세금을 돌려받지 못해 소유자가 거주하는 집을 강제집행해야 할지도 모르니까요.

계약체결과 대금지급은 등기부상 소유자와!

엄연히 등기부상 기재된 소유자가 있는데도 계약을 체결할 때 소유자와 계약을 체결하지 않는 경우가 의외로 많습니다. 소유자의 배우자라도 정당한 대리권을 부여받은 것이 아니라면 나중에 소유자가 계약의 효력을 다투었을 때 대응하기 어려울 수 있지요. 따라서 되도록 소유자를 만나 신분증을 통해 본인임을 확인하고, 직접 만나 계약서를 작성하는 것이 좋습니다. 대리인이 대신 체결하는 것이라면, 소유자로부터 정당한 위임을 받은 것인지 인감도장이 찍힌 위임장과 인감증명서를 확인하고, 소유자와 직접 통화를 해 대리권을 수여한 것이 맞는지도 확인합니다.

구두로 합의한 사항들은 모두 특약사항에 기재하기

집을 보여줄 때에는 도배를 해주겠다, 보일러를 바꿔주겠다 등 이런저런 이야기를 하다가 막상 계약을 체결하고 나면 말이 바뀌는 경우가 있습니다. 계약서를 작성할 때 '특약사항'에 소유자와 협의하여 결정된 내용들은 최대한 꼼꼼하게 작성해두는 게 좋습니다. 예를 들어, 소유자가 도배를 새로 해주겠다고 약속했다면, 특약사항에 '최대 얼마짜리 도배지로, 집 내부 전체를, 언제까지 해줄 것인지, 만약 해주지 않을 경우 임차인이 하고, 임대인에게 비용을 청구하기로 할지' 등을 자세하게 적어두면 나중에 분쟁을 막을 수 있겠죠.

집이 나가지 않는다고
집주인이 보증금을 주지 않아요

09

계약 만료 의사표시는 미리미리 내용증명으로

임대차보증금반환소송을 하다 보면, 임대인과 임차인 사이에 계약 만료 시기에 대한 이견이 의외로 많답니다. 집을 나간다는 얘기는 집주인한테 해야 하는데 부동산중개인에게 해서 제대로 된 의사표시를 하지 않은 경우나 집주인한테 말했는데 구두로 이야기하다 보니 집주인이 들은 적이 없다고 딱 잡아뗀다거나 하면, 임차인의 입장에서는 답답합니다. 그러니 되도록 계약 만료 의사표시는 내용증명으로 하는 게 좋습니다.

앞서 임대인은 계약 만료 6개월 전부터 1개월 전까지의 기간, 임차인은 계약 만료 1개월 전까지의 기간에 계약갱신을 하지 않겠다는 통지를 해야 한다고 설명드렸죠?(2020. 12. 10. 이후로 새로 체결되거나 갱신된 임대차계약은 만료 6개월 전부터 2개월 전까지의 기간, 임차인은 만료 2개월 전까지) 제때 하지 않아서 임대차계약이 묵시적 갱신되면 임대인은 중간에라도 계약해지를 못하지만, 임차인은 언제든 계약해지를 할 수 있다는 설명도 했습니다. 대신 임대인이 임차인의 계약해지 통지를 받고 3개월이 지나야 효력이 발생하지요. 그러니 임차인이 처음 계약한 기간까지만 채우고 다른 집으로 이사갈 예정이라면 미리 내용증명을 보내 이런 사정을 알려두는 것이 좋습니다. 집주인도 준비할 시간이 필요하니까요.

주택 인도와 보증금 반환은 동시에

집주인이 새로운 임차인한테 보증금을 받아 나가라고 하는 경우가 많습니다. 하지만 새로운 임차인이 구해지는 것과 상관없이 임차인이 집을 비우는 것과 집주인이 보증금을 돌려주는 것은 동시에 이루어지는 것이 원칙입니다. 전세권등기가 되어 있다면, 집을 비우면서 전세권등기말소에 필요한 서류들도 함께 제공해주어야 합니다.

임차권등기

내용증명으로 계약갱신을 하지 않는다는 이야기도 하고, 새로 이사할 집도 계약했는데, 집주인이 계약 만료일까지 돈이 구해지지 않을 것 같다고 하면 매우 곤란하겠죠? 이사할 집에 필요한 돈은 급하게 대출을 받아 마련한다고 해도, 이사를 가면 대항력(주택인도 + 전입신고)을 잃어버리기 때문에 함부로 이사할 수도 없는 노릇입니다.

이 경우에는 임차권등기를 해두면 이사를 가더라도 종전에 취득한 대항력과 우선변제권이 유지됩니다. 방법은 간단합니다. 임차 중인 주택 소재지 관할 법원에 주택임차권등기명령을 신청하는 것이지요. 소정의 등록세, 대법원증지, 송달료, 인지 비용을 내게 되는데, 이 비용은 나중에 임대인에게 청구할 수 있습니다.

보증금반환청구소송 제기

새로운 임차인이 구해지지 않거나, 구해졌음에도 집주인이 보증금을 돌려주지 않는다면, 소송을 고려해야 합니다. 법원에 보증금반환청구소송을 제기하고 승소판결을 받으면, 그 판결문을 가지고 부동산 경매를 신청해 경락대금을 배당받습니다. 보증금을 떼이면 그것만큼 억울한 일이 없습니다. 그러니 임대차계약을 체결할 때 등기부등본을 통해 집에 근저당은 없는지, 집주인의 자력은 어떠한지를 꼭 확인합시다.

알아두세요! **소유자가 아닌 사람이 대리 계약을 한다면 주의하세요**

임차인은 임차하려는 주택의 부동산등기부등본을 발급받아 소유자의 성명과 주민번호 앞자리, 소유자의 주소를 미리 확인하고, 계약을 할 때 소유자(임대인)의 신분증을 건네받아 미리 확인했던 부동산등기부등본에 기재된 소유자와 동일한지를 확인합니다.

이때 만약 소유자가 아닌 대리인과 계약을 체결하는 것이면, 소유자가 작성한 위임장(전세계약체결권한을 위임한 것인지 확인)과 그 위임장에 첨부한 소유자 인감증명서를 받아야 합니다. 또 계약서에는 소유자의 계좌번호를 특정하여 기재하고, 임대보증금 및 월차임 등을 그 계좌로 보내야 권한 없는 사람의 임대계약으로 인한 손해를 방지할 수 있습니다.

주택임차권등기명령신청서

신 청 인(임차인)   (이름) 김감독 (주민등록번호: 780123-0000000)

                      (주소) 서울 마포구 월드컵로 10길(서교동)

                      (연락처) 010-1234-5678

피신청인(임대인)   (이름) 이감독

                      (주소) 서울 서초구 서초중앙로(서초동)

신청취지

별지 목록 기재 건물에 관하여 아래와 같은 주택임차권등기를 명한다.

라는 결정을 구합니다.

아 래

1. 임대차계약일자: 2019. 1. 5.

2. 임차보증금액: 금 5,000만 원,　차임: 금 65만 원, 차임지급시기: 매월 27일

3. 주민등록일자: 2019. 1. 7.

4. 점유개시일자: 2019. 1. 5.

5. 확정일자: 2019. 1. 7.

6. 범　　위: 건물 전부(일부인 경우에는 '별지목록 기재 건물 중 별지도면 표시를 순차로 연결한 선내부분 00㎡')

신청이유

임차인은 임대인과 사이에 2019. 5. 5.부터 2021. 5. 4.까지 보증금 5000만 원, 월 단위 차임 65만 원을 지급하는 임대차계약을 체결하였습니다. 임차인은 계약기간 만료 1개월 전인 2021. 4. 1. 갱신하지 않을 것임을 알렸고, 임대인은 이 통지를 2021. 4. 2.에 송달받았습니다.

그런데 계약만료일이 되었음에도 임대인은 새로운 임차인이 구해지지 않아 보증금을 돌려줄 수 없다고 하였고, 계약만료일로부터 한 달이 지난 현재까지도 새로운 임차인이 구해지지 않고 있습니다. 임차인은 이미 새롭게 이사 갈 집을 계약한 상황이라 하루 빨리 나가야 하기에 임차권등기를 명하여 주시기를 바랍니다.

첨부서류

1. 건물등기부등본   1통
2. 주민등록등본   1통
3. 임대차계약증서 사본   1통
4. 부동산목록   1통
5. 임대차계약갱신거절통지서   1통

2021. 6. .

신청인 김감독 (인)

서울서부지방법원 귀중

부동산목록(등기부에 나와 있는 부동산내역을 적습니다. 부동산 일부만 임차한 것이라 면 도면도 함께 첨부합니다.)

[건물의 표시]

소재지번: 서울 마포구 월드컵로 10길 56(서교동)

건물내역: 철근콩크리트조 모임지붕 3층

　　　　　다세대주택

　　　　　1층 149.98㎡

　　　　　2층 143.94㎡

　　　　　3층 143.94㎡

　　　　　지하층 149. 78㎡

[토지의 표시]

소재지번: 서울 마포구 월드컵로 10길 56(서교동)

지　　　목: 대

면　　　적: 331㎡　　끝.

월세 내지 않는 세입자, 어떻게 하죠?

10

세입자에게는 월세 낼 의무가 있다

매월 차임을 지급하기로 하는 내용의 임대차계약을 체결하는 경우, 세입자는 약속한 날짜에 차임을 내야 할 계약상 의무가 있습니다. 만약 임차인이 연체한 차임이 2기에 달하면, 임대인은 계약을 해지할 수 있습니다. 계약을 해지하지 않고 보증금에서 밀린 차임을 제할 수도 있지만, 밀린 차임이 보증금을 넘을 수도 있으니 임차인이 나가지 않아 명도소송을 하게 되는 기간까지 고려해 보증금에서 제할 수 있는지도 고려하는 것이 좋습니다. 임차주택에 관한 명도소송은 상당한 시일이 걸립니다.

내 소유라고 함부로 들어가면 형사처벌을 받아요

임대인의 입장에서는 임차인이 월세도 제때 내지 않고 연락도 받지 않으면 그것만큼 화가 나는 일도 없을 겁니다. 하지만 그렇다고 해서 답답한 마음에 집에 들어가면 안 됩니다. 아무리 소유자라도요. 임차인이 이를 문제 삼으면 주거침입죄로 형사처벌을 받을 수 있으니 반드시 법에서 정한 명도절차를 밟아야 합니다.

계약해지 명확하게 하기

소송에서 의외로 임대인과 임차인이 생각하는 계약해지 시기가 달라 문제가 되는 경우가 많습니다. 의사표시를 명확하게 하지 않았기 때문이지요. 또한 계약을 해지하겠다는 이야기를 임대인이나 임차인이 아닌 부동산중개인에게만 하는 바람에 문제가 되는 경우도 많습니다. 그러니 계약해지의 의사표시는 임대차계약의 상대방에게 해야 합니다. 서면으로 남을 수 있는 내용증명이 가장 좋고, 적어도 문자나 통화내역, 녹취 등으로라도 증빙을 남겨두어야 합니다. 연락이 닿지 않는다면 명도소송을 제기해서 계약해지 의사표시를 할 수밖에 없습니다. 내용은 '차임이 2기 이상 연체되었으므로 계약을 해지하며, 언제까지 집을 비워달라'는 취지로 적습니다.

부동산점유이전금지가처분, 명도소송

이렇게 계약해지를 통지하고 언제까지 집을 비우라고 했는데도 임차인이 집을 비우지 않으면, 법으로 정해진 절차에 따라 집을 비우는 절차를 거쳐야겠죠. 점유이전금지가처분을 먼저 한 후에 부동산 명도소송을 제기합니다.

경매로 집을 샀는데,
세입자가 나가지 않아요

경매 입찰 전 세입자가 배당요구를 했는지 확인!

부동산이 경매로 넘어가면 세입자, 부동산소유자와 채권채무관계가 있는 사람들이 배당요구를 하게 됩니다. 그리고 누군가 부동산을 낙찰받으면(이 사람을 '경락인'이라고 합니다.) 경락인이 낸 낙찰대금을 배당순서대로 나누어 가지게 되지요.

법원에서는 입찰하기 전에 매각명세서에 배당을 요구한 사람들의 당사자내역을 적어둡니다. 그런데 어떤 임차인은 저당권, 근저당권, 선순위 전세권, 담보가등기, 압류, 가압류 등 말소기준권리보다 먼저 대항력을 취득했는데도 배당요구를 하지 않는 경우가 있습니다. 이런 경우에는 경락인이 임차인에게 보증금을 줘야 합니다. 바뀐 집주인에게 보증금을 받기 전까지 세입자는 대항력이 있다고 하면서 당연히 나가지 않을 테니까요. 그러니 입찰 신청서에 금액을 적을 때에는 낙찰받을 때 따로 임차인에게 줘야 할 보증금을 감안해서 입찰금액을 쓰기 바랍니다.

명도확인서를 미리 써주면 안 돼요

임차인이 배당요구를 한 경우, 임차인은 경락인으로부터 명도확인서를 받아야 배당금을 받을 수 있습니다. 임차인이 집을 비워주지도 않았는데 명도확인서를 작성해주면, 임차인이 배당만 받고 집을 비워주지 않을 가능성이 있기 때문에 임차인이 집을 비우는 것을 확인한 후에 명도확인서를 작성해주어야 합니다.

나가지 않으면 법으로 해결!

말소기준권리 이후의 후순위임차인(즉, 대항력이 없는 임차인)이 깜박하고 배당요구를 하지 않은 경우나 대항력이나 확정일자를 뒤늦게 받아 배당요구를 했지만, 낸 보증금만큼의 돈을 배당받지 못하는 경우, 경락인은 임차인이 받지 못한 보증금을 줄 의무가 없습니다. 임차인도 돈을 회수하지 못했으니 집을 비워주는 데 비협조적일 수밖에 없지요. 안타깝지만 임차인이 집을 비워주지 않으면 경락인은 법의 도움을 받을 수밖에 없습니다. 세입자가 나가지 않는다고 열쇠수리공을 불러 문을 열고 들어갔다간 주거침입죄로 형사처벌을 받을 수 있답니다. 나가지 않는 사람을 무력으로 나가게 해서도 안 되겠죠. 강제집행[1]절차는 오직

---

1 강제집행이란, 사법상 또는 행정법상의 의무를 이행하지 않는 사람에게 국가의 권력으로 의무이행을 강제로 실현하는 것을 말합니다.

법원을 통한 절차를 거쳐야만 한답니다.

부동산 점유이전금지가처분 신청부터!

법원에 '저 사람 내보내주세요!'라는 청구를 해야겠죠? 그런데 그전에 부동산 점유이전금지가처분 신청을 해야 합니다. 현재 점유자에게 다른 사람에게 점유 이전을 못하게 하는 법원의 결정이지요. 현재 점유자의 점유를 없애려는 것인데, 왜 점유이전을 금지시키려 하느냐고요? 법원에 '지금 제 아파트를 점유하고 있는 A를 나가라고 해주세요!'라고 청구해서 법원으로부터 'A는 집을 비우세요'라는 결정을 받았는데, 그 사이 A가 경락인 몰래 B한테 집에서 살도록 해줬다고 생각해보세요. 그러면 현재 점유하고 있는 사람은 A가 아니라 B가 되고, 'A는 집을 비우세요'라는 판결문을 B에게 사용할 수 없습니다. 판결문은 무용지물이 되고, 현재 점유하고 있는 'B'를 상대로 또 소송을 진행해야 하지요. 그러니 현재 점유자가 지금 상태를 유지하도록 조치해야 합니다. 점유이전금지가처분을 신청하고, 결정문이 나오면 이 결정문을 가지고 가처분의 집행을 신청합니다.

인도명령, 명도소송

부동산을 낙찰받고 6개월 내에 법원에 인도명령을 신청하면 법원에서 인도명령 결정을 내려줍니다. 6개월이 지나면 인도소송을 제기합니다. 세입자가 인도명령을 송달받고도 나가지 않으면, 법원에 강제집행을 신청해야 합니다. 법원은 강제집행 신청 후, 통상 일주일 내에 부동산인도강제집행 예고를 하고, 이후 강제집행에 들어가지요. 강제집행 예고를 할 때에는 집행관과 낙찰자, 증인 두 명이 함께 집을 방문해서 열쇠수리공을 불러 열쇠를 따고 들어가 잘 보이는 곳에 예고장을 붙입니다. 부동산인도 강제집행 신청이 있으니, 언제까지 자진해서 이행하고, 그렇지 않으면 예고 없이 강제로 집행되고, 그 비용을 부담하게 된다는 내용으로요. 이런 예고장을 보고도 나가지 않으면 강제로 집행할 수밖에요. 집행관이 열쇠를 바꿔 달고 현관 앞에 이 집이 강제집행되었고, 짐은 법원이 보관하니 찾아가라는 내용이 담긴 안내장을 붙입니다. 집이 비었으니 이제 자유롭게 사용할 수 있겠지요? 판결에 따른 이행을 하지 않아 부득이하게 강제집행까지 하게 되는 경우, 비용은 점유자가 부담하는 게 당연하지만, 점유자가 미리 납부할 리가 없겠죠? 법원이 나중에 받기로 하고 강제집행절차를 할 리도 없고요. 결국 강제집행비용, 짐 보관비용 등은 집행을 신청하는 사람이 미리 부담하기 때문에 짐을 빨리 찾아가지 않으면 보관료 부담이 커질 수 있다는 점을 기억하세요. 언제나 소송은 마지막 수단이어야 합니다.

12   이혼 소송은 어떻게 하나요?

13   배우자가 바람을 피워요

14   양육자가 되려면 어떻게 해야 하나요?

15   재산분할은 어떻게 하나요?

16   배우자의 퇴직금도 분할이 가능한가요?

17   위자료와 양육비 받아내는 법

18   전배우자가 아이를 보여주지 않아요

19   배우자가 가출한 지 1년이 지났어요

20   파혼했는데 약혼예물은 돌려받을 수 있나요?

외도부터 이혼까지,
부부라서 더 어렵다!

둘째마당

2

이혼 소송은
어떻게 하나요?

12

혼인신고를 마친 부부가 이혼하는 방법에는 '협의 이혼'과 '재판상 이혼'이 있습니다.

협의 이혼으로 이혼하기

협의 이혼은 부부가 거주하고 있는 주소지 관할 가정법원에 협의 이혼의사확인신청서를 작성하여 제출하는 것에서 시작됩니다. 미성년 자녀가 있는 경우에는 자녀의 양육과 친권자 결정에 관한 협의서도 함께 제출해야 합니다. 법원에서는 숙려기간(신청서를 제출한 날로부터 1개월, 미성년 자녀가 있는 경우에는 3개월)이 지난 후 일정한 날짜를 정해 법원에 출석하도록 알려줍니다. 이 날을 '확인기일'이라 하는데요. 부부 모두 확인기일에 법원에 출석해서 이혼 의사가 있다는 것을 판사 앞에서 확인하면 협의이혼의사확인서를 내줍니다. 그 확인서를 등록기준지 또는 주소지 관할 구청, 시청, 읍·면사무소에 제출하면 법적으로 남남이 되는 것이지요. 이 확인서의 유효 기간은 3개월이기 때문에 반드시 이 기간 내에 신고해야 합니다.

그런데 막상 확인서를 받고 나니 이혼을 하고 싶지 않다면 어떻게 해야 할까요? 이 경우에는 등록기준지 또는 주소지 관할 구청, 시청, 읍·면사무소에 이혼의사확인서와 이혼의사철회서를 제출하면 됩니다. 하지만 그전에 상대방 배우자가 이혼신고서를 먼저 제출하면 이혼이 성립되기 때문에 서둘러야 합니다.

알아두세요! 나중에 소송하고 싶지 않다면 이혼합의서는 필수!

가정법원은 협의 이혼 절차에서 이혼 여부(자녀가 있는 경우에 한해 친권자, 양육자 지정, 양육비 부담 등)에만 관여합니다. 그래서 협의 이혼을 할 때 부부 사이에 위자료, 재산분할(자녀가 있다면 친권, 양육자 지정, 양육비, 면접교섭 내용) 등 이혼 시 발생할 수 있는 사항들에 대해 미리 합의해두고, 이를 객관적인 자료로 남겨두어야 추후 위자료, 재산분할 같은 문제로 소송하는 일을 방지할 수 있습니다. 이에 대해서는 '재산분할은 어떻게 하나요?'에서 좀 더 자세히 알아볼게요.

재판상 이혼으로 이혼하기

부부 중 한쪽만 이혼을 원하고 다른 일방은 이혼을 원하지 않는다면, 어쩔 수 없이 재판상 이혼을 통해 이혼하는 수밖에 없답니다. 그런데 우리 민법은 재판상 이혼 청구가 가능한 사유를 정해놓고 있습니다.

민법 제840조(재판상 이혼원인) 부부의 일방은 다음 각 호의 사유가 있는 경우에는 가정법원에 이혼을 청구할 수 있다.

1. 배우자의 부정한 행위가 있었을 때

2. 배우자가 악의로 다른 일방을 유기한 때

3. 배우자 또는 그 직계존속으로부터 심히 부당한 대우를 받았을 때

4. 자기의 직계존속이 배우자로부터 심히 부당한 대우를 받았을 때

알아두세요! **위자료와 재산분할 청구는 별개!**

위자료와 재산분할에 관한 사항이 협의되지 않았더라도 협의 이혼이나 재판상 이혼이 가능합니다. 위자료는 상대방의 불법행위가 있음을 안 날로부터 3년 내, 재산분할은 이혼한 날로부터 2년 내에 별도로 청구할 수 있습니다. 당장 이혼부터 하고 싶다면 다른 것들은 추후에 청구하고 우선 이혼만 청구하는 것도 가능합니다. 하지만 대부분의 사람들이 이혼을 할 때 한꺼번에 해결하는 것을 원하기 때문에 재판상 이혼 청구를 할 때 위자료와 재산분할을 함께 청구하는 것이지요.

많은 분들이 귀책 사유가 있는 배우자로부터 더 많은 재산분할을 받을 수 있다고 생각하지만, 위자료는 혼인 생활 중에 입은 정신적 손해를 금전으로나마 위로받는 것이고, 재산분할은 혼인 기간 동안 함께 형성한 재산을 나누는 것이기 때문에 귀책 여부와 재산분할은 무관합니다.

5. 배우자의 생사가 3년 이상 분명하지 아니한 때

6. 기타 혼인을 계속하기 어려운 중대한 사유가 있을 때

그리고 위 원인을 제공한 배우자는 상대 배우자에게 이혼을 청구할 수 없습니다. 외도한 남편이 이혼을 청구할 수 있도록 해선 안 되겠죠? 반대로 귀책 없는 배우자는 주소지 관할 가정법원에 이혼을 청구할 수 있고, 귀책 사유가 있는 배우자에게 위자료와 재산분할 청구를 할 수 있습니다. 이혼 판결을 받으면 판결문과 확정증명원을 이혼신고서와 함께 구청, 시청, 읍·면사무소에 제출하면 됩니다. 하지만 재판상 이혼은 협의 이혼과 달리 판결이 확정되면 혼인이 해소되고, 기간 내에 신고하지 않는다 하더라도 효력이 상실되지 않습니다. 다만, 판결이 확정된 날로부터 1개월 내에 신고하지 않으면, 신고 의무 위반으로 과태료가 부과될 수 있습니다.

알아두세요! **조정 이혼도 재판상 이혼!**

가사소송법은 재판상 이혼의 경우, 조정 전치주의를 채택하고 있습니다. 조정 전치주의란, 원칙적으로는 이혼 소송 전에 먼저 조정을 신청해야 하고, 조정을 신청하지 않고 소송을 제기하거나 심판을 청구하면 조정으로 회부해 조정절차부터 거치도록 하는 것을 말합니다. 하지만 이혼 소송은 협의가 이루어지지 않아 소송을 제기하는 것이기 때문에 실무적으로는 이혼 소송을 우선 제기하고, 그 과정에서 조정 절차를 거치는 경우가 많습니다. 만약, 이혼에 대한 합의가 되어 있는 상태라면 숙려기간이 있는 협의 이혼보다 빨리 혼인을 해소할 수 있습니다. 하지만 조정이 이루어지지 않으면 소송절차로 회부된다는 점 잊지 마세요!

배우자가 바람을 피워요

이혼 소송에서 많은 비중을 차지하는 이혼 사유 중 하나가 바로 '배우자의 부정행위'입니다. 앞서 설명한 것처럼 '배우자의 부정행위'는 재판상 이혼을 청구할 수 있는 사유에 해당합니다. 부정행위를 저지른 귀책 배우자에게 이를 사유로 이혼 청구나 위자료 청구를 할 수 있지요.

'부정행위'란, 흔히 말하는 간통보다 넓은 개념입니다. 혼외 성관계에 이르지 않더라도 부부의 정조 의무에 충실하지 않은 일체의 행위는 부정행위로 인정될 수 있습니다. 예를 들어, 외도 상대와 '여보, 잘자요', '당신을 사랑해'와 같은 내용의 문자를 주고받은 경우도 부정행위로 인정될 수 있습니다.

이번에는 배우자의 외도 사실을 알았을 경우에 대처하는 방법을 알아보겠습니다.

증거 확보

외도를 증명할 수 있는 증거를 확보하는 것은 쉬운 일이 아닙니다. 하지만 증거가 없다면 아무리 심증이 간다 하더라도 법원에서 부정행위를 인정해주기 힘들겠죠? 보통 배우자의 부정행위를 사유로 이혼 소송이 진행되는 경우, 배우자와 외도 상대 간에 주고받은 문자, 이메일 내용, 외도를 인정한 녹취록, 둘이 함께 있는 사진 등이 증거로 제출됩니다.

이혼할 것인가, 용서할 것인가?

선택의 순간입니다. 증거가 있으니 이혼 청구와 함께 위자료도 받을 수 있습니다(단, 통상적으로 위자료는 1,000~3,000만 원 사이에서 인정되는 경우가 많습니다). 재산 형성 기여도에 따라 재산분할도 함께 이루어집니다.

알아두세요! **증거 확보하다 처벌받을 수 있어요**

배우자의 외도 사실은 어떤 경로로 알게 될까요? 일반적으로 지인의 제보나 같이 있는 현장을 직접 본 경우가 아니라면 보통 휴대폰을 몰래 보거나, 이메일을 열어보거나, 카드 내역서를 확인하는 방법으로 외도 사실을 알게 되는 경우가 대부분입니다. 그런데 이러한 증거 수집이 자칫 처벌될 수도 있다는 것을 알고 있는 사람은 많지 않습니다. 배우자가 반성하기는커녕 형법상 비밀 침해죄 또는 정보통신망이용촉진 및 정보보호에 관한 법률의 비밀 침해죄로 고소할 경우, 처벌될 수 있습니다. 실제로 법원은 남편의 이메일을 열어보고 외도의 증거를 확보한 아내에 대해서 '법원에 제출하기 위한 증거자료로 사용했다고 하더라도 위법성이 없어지지 않는다'라고 하면서 유죄를 인정했습니다. 다만 아내의 사정을 고려하여 벌금 30만원 형의 선고를 유예하는 판결을 선고하였습니다. 선고유예를 받은 날로부터 2년이 경과하면 면소된 것으로 간주합니다. 즉, 유죄판결 선고가 없었던 것과 똑같은 효력을 가지는 것이지요.

배우자가 진심으로 반성하고 있다면, 한 번쯤 용서하고 혼인생활을 지속할 수도 있겠지요. 그렇다고 해서 배우자의 외도 상대까지 용서해야 하는 것은 아니랍니다. 외도 상대가 배우자가 기혼임을 알고도 불륜을 저지른 것이라면, 그 외도 상대에게 위자료를 청구할 수 있습니다. 금액은 크지 않겠지만, 외도 상대에 대한 위자료 청구는 이혼하지 않더라도 가능하다는 것 기억하세요.

알아두세요! '간통죄'는 폐지되었어요!

종전에는 형법 제241조에 간통죄가 규정되어 있었기 때문에 배우자가 다른 사람과 성관계를 한 사실이 확실하다면 배우자와 상간자를 간통죄로 형사고소할 수 있었습니다. 하지만 2015. 2. 26. 헌법재판소의 간통죄 위헌결정으로 간통죄는 효력을 상실하였으며, 현재 형법에서는 간통죄를 삭제하였습니다. 따라서 더 이상 간통죄로 형사고소를 할 수 없답니다.

양육자가 되려면
어떻게 해야 하나요?

14

요즘은 이혼할 때 자녀를 서로 키우지 않겠다고 하는 경우도 있지만, 보통은 자녀를 서로 키우겠다고 다투는 경우가 대부분입니다. 이혼소송 때 치열하게 다투는 것이 '양육자 지정'입니다. 이번에는 이혼을 앞둔 부부가 양육자 지정 때문에 다투는 경우와 이혼을 하면서 상대방을 양육자로 지정했는데, 이를 변경하고자 하는 경우로 나누어 설명하겠습니다.

이혼을 앞둔 부부의 양육자 지정

법원이 양육자를 지정할 때 가장 우선순위에 두는 것은 자녀의 복리입니다. 자녀의 성별, 연령, 부모의 애정, 양육 의사의 유무, 경제적 능력, 부모와 자녀 사이의 친밀도, 자녀의 의사 등을 종합적으로 고려해서 자녀의 성장과 복지에 가장 적합한 사람을 양육자로 지정합니다. 혼인

기간 동안 누가 자녀를 양육해왔는지도 고려요소입니다. 환경이 급격하게 바뀌는 것은 자녀에게 혼란을 줄 수 있으니까요. 앞으로의 양육계획도 잘 주장할 필요가 있습니다. 예를 들어, 이혼 후 자녀와 어디서 생활할지, 경제적인 문제는 어떻게 해결할지, 직장을 다닌다면 자녀는 누가 돌봐줄지 등 구체적이고 실현 가능한 계획을 피력하는 것이 좋습니다.

가끔 현재는 경제적 능력이 없어서 상대방을 양육자로 지정하지만, 나중에 돈을 벌면 자신이 데려와 키울 것이라고 하는 분들이 있습니다. 하지만 이혼할 때 상대방을 양육자로 지정하고, 상대방이 일정 기간 자녀를 문제 없이 양육하면, 양육자를 변경하는 것이 현실적으로 매우 어렵기 때문에 신중하게 결정해야 합니다.

이혼한 부모의 양육자 변경

법원은 자녀의 복리를 최우선으로 생각하기 때문에 양육자가 양육을 제대로 하지 못하거나, 악의적으로 약속한 면접교섭을 이행하지 않거나, 자녀에게 비양육자에 대한 험담을 하는 등 자녀의 건전한 성장과 복지를 방해하는 사정이 있다면 양육자를 변경할 수 있습니다. 이러한 사정이 있다면, 비양육자는 가정법원에 양육자변경심판청구를 통해 자신을 양육자로 변경해줄 것을 청구할 수 있습니다.

예를 들어, 실제 양육자이던 아버지가 어머니를 만나려는 자녀에게 "너를 버린 엄마를 왜 만나느냐"라고 하거나 지속적으로 "엄마는 너를 버렸다"라는 이야기를 함으로써 어머니의 수년에 걸친 자녀와의 회복 노력에도 불구하고 자녀로 하여금 어머니에 대한 오해를 가지고 면접을 하지 않으려고 하는 사정이 있다면, 법원으로서는 어머니와 친밀하고 안정적인 정서적 애착 관계를 형성하는 것이 자녀의 건전한 성장에 필요하다고 보아 어머니를 양육자로 변경하도록 할 수 있습니다.

알아두세요! 공동친권도 가능해요

친권이란, 미성년 자녀를 보호, 양육하고 그 재산을 관리하는 것을 내용으로 하는 권리의무의 총칭입니다. 예를 들어, 자녀 명의의 예금통장을 개설한다거나 자녀의 거래행위에 동의해 주는 것 등을 말하지요. 이러한 친권자의 행위는 자녀에게 법률적인 효과를 미칩니다. 자녀의 실생활과 밀접한 관련이 있으므로 자녀를 양육하는 사람이 친권자가 되는 것이 편리하지만, 부모 사이에 협의만 이루어진다면 공동 친권자도 가능합니다.

2019년의 대법원 판결에 의하면 외할아버지가 후견인으로서 손자녀를 양육하면서 그의 아버지를 상대로 제기한 양육비 청구 사건에서, 2021. 5. 27. 외조부의 양육비 청구를 받아들인 2심 결정을 유지하였습니다(대법원 2019스621 결정 참조).

재산분할은
어떻게 하나요?

15

부부간에 협의만 이루어진다면 법원에 협의 이혼 절차를 통해 이혼할 수 있다는 것은 알고 계시죠? 그런데 이혼 자체에는 서로 동의하면서도 재판상 이혼을 하는 이유는 재산분할에 대한 협의가 이루어지지 않기 때문인 경우가 많습니다. 물론 협의 이혼절차를 먼저 거치고 별도로 법원에 재산분할심판을 청구할 수도 있지만, 일괄적인 해결을 위해 재판상 이혼 청구를 할 때 재산분할을 함께 청구하지요.

이번에는 협의 이혼을 하면서 상호 합의를 통해 재산분할을 하는 방법과 재판상 이혼을 하면서 재산분할을 하는 방법으로 나누어 알아보겠습니다.

협의 이혼을 하는 경우의 재산분할

부부간에 재산을 어떻게 나눌지 협의되었다면 그대로 이행하면 되지만, 헤어지는 마당에 반드시 이행될 것이라 장담할 수는 없습니다. 그렇기 때문에 합의한 내용을 서면에 옮겨두는 것이 필요합니다. 이에는 부부간에 합의서를 작성하는 방법(공증인으로부터 인증받으면 추후 합의서 자체에 대한 분쟁의 소지를 예방할 수 있습니다)과 합의 내용을 공증인에게 이야기하고, 협의 이혼계약공정증서를 작성하는 방법이 있습니다.

'공증을 받는다'라는 말은 엄밀히 말해 '사서인증'과 '공정증서'로 구분됩니다. 사서인증은 작성된 서류가 당사자들의 진정한 의사로 작성되었음을 공증인이 확인함에 그치는 것이고, 공정증서는 어떠한 이행을 약속하고, 이행되지 않을 경우 강제집행을 인정하고 이를 승낙하는 내용을 넣어 작성하는 것입니다. '사서인증'의 경우에는 공증서의 표지에 '인증서'라고 기재되어 있고, '공정증서'는 '공정증서'라고 기재되어 있지요.

부부가 합의서를 작성하고 사서인증을 받으면 이것만으로 강제집행할 수 없지만, 협의 이혼계약공정증서를 작성하면 상대방이 이행하지 않을 경우에 공증인사무실에서 집행문을 받아 강제집행할 수 있다는 차이가 있습니다.

예를 들어, 이혼합의서와 협의 이혼계약공정증서에 "남편은 아내에게 재산분할로 현금 5,000만 원을 지급한다"라는 내용을 넣었는데, 남편이 아내에게 돈을 주지 않는다면, 어떻게 해야 할까요? 이 경우 부부간에 이혼합의서만 작성했다면 별도로 민사소송을 통해 지급을 청구해야 합니다. 공증인으로부터 이혼합의서에 사서인증을 받았더라도 마찬가지입니다. 하지만 협의 이혼계약공정증서를 만들어두었다면, 민사소송할 필요 없이 공증인에게서 집행문을 받고 남편 소유의 재산에 대한 강제집행이 가능하지요.

대신 이혼합의서든, 협의 이혼계약공정증서든 협의 이혼을 전제로 작성된 것이기 때문에 협의 이혼이 이루어져야 유효합니다. 협의 이혼을 하기로 해놓고 합의서를 작성한 후에 재판상 이혼을 하게 되면 하나의 입증자료는 될 수 있어도 그 내용대로 판결을 내리지 않기 때문이지요.

재판으로 이혼하는 경우

부부간에 합의되지 않으면 법원에 재산분할에 대한 판단을 요청할 수밖에 없습니다. 우리 민법은 기본적으로 부부별산제를 채택하고 있습니다. 부부의 일방이 혼인 전부터 갖고 있던 고유재산, 혼인 중 자기 명의로 취득한 재산은 특유재산으로 보고 원칙적으로 재산분할 대상이 되지 않습니다. 예를 들어, 남편이 결혼 전에 마련해둔 아파트, 결혼 후 부모님으로부터 상속받은 부동산 등은 남편의 특유재산이므로 이혼할 때 재산분할 대상이 되지 않는 것이지요.

그런데 남편은 부동산만 소유하고 있을 뿐, 평생 일도 하지 않고 아내가 혼인 기간 동안 열심히 번 돈으로 생활해왔는데, 이혼할 때가 되니 남편이 소유한 부동산은 재산분할의 대상이 되지 않는다고 하면 불합리하겠죠? 혼인 기간이 긴 경우, 이렇게 재산을 유지할 수 있도록 한 아내의 기여도도 고려되기 때문에 남편 소유의 부동산도 재산분할 대상에 포함될 수 있습니다. 가정주부인 경우도 마찬가지입니다. 가정주부의 가사노동과 자녀양육에 관한 기여도 또한 상당히 큰 것이니까요!

혼인 중 부부 쌍방이 협력하여 이룩한 재산은 이혼 시에 나눌 수 있습니다. 그 재산이 누구 명의로 되어 있는지 또는 그 관리를 누가 하고 있는지와는 관계없이 분할 대상이 됩니다. 법원은 위와 같은 기준에 따라 혼인 기간, 재산증식에 대한 기여도 등을 고려하여 재산분할 비율을 정합니다.

재산분할은 순자산을 토대로 합니다. 부동산, 현금, 펀드 등 우리가 실제로 생각하는 재산을 '적극재산'이라 하고, 대출금, 채무 등은 '소극재산'이라고 하지요. 적극재산에서 소극재산을 뺀 나머지가 '순자산'입니다.

예를 들어, 부부가 혼인 중 1억 원의 담보대출을 받아 매입한 아파트의 현재 시가가 2억 원이고, 예금채권이 2,000만 원이라고 가정하면, 이 부부의 순자산은 1억 2,000만 원입니다. 재산분할 비율이 5:5로 결정되면, 각 6,000만 원씩 분할받게 되는 것이지요. 분할 방식은 아파트 소유자로 결정되는 사람이 상대방에게 차액을 지급하는 방식 등 사정을 고려하여 합리적으로 이루어집니다.

배우자의 퇴직금도 분할이 가능한가요?

16

일반적인 직장인이 재직한 직장에서 근로를 종료하는 경우 지급받는 퇴직급여는 '근로자퇴직급여보장법'에서 규정하고 있습니다.

한동안 대법원은 퇴직급여가 재산분할의 대상에 포함되는지 여부에 대해, '부부가 이혼할 때 이미 퇴직하여 수령한 퇴직급여는 재산분할 대상이 되지만, 아직 퇴직하지 않고 직장에 근무하고 있는 경우라면, 미래에 받을 개연성이 있다는 사정만으로 재산분할 대상에 포함시킬 수 없고, 분할의 액수와 방법을 정하는 데 필요한 기타 사정으로 참작하면 충분하다'라는 입장을 취하고 있었습니다.

퇴직급여는 퇴직할 때 받는 것인데, 언제까지 직장을 다닐지 불확실하고, 회사를 다니는 동안에도 징계를 당한다거나 회사가 파산하는 등의 다양한 변수가 있다는 것이지요. 매달 일정액을 지급받는 퇴직연금에 대해서도 수급권자의 여명을 확정할 수 없다는 이유로 기타 사정으로만 참작한다는 입장이었습니다.

하지만 퇴직하기 전이라도 퇴직급여를 미리 정산해서 지급받는 경우도 있고, 형성한 다른 재산이 있어야 기타 사정으로 고려될 수 있는 것인데, 형성해놓은 재산이 전혀 없는 경우에는 기타 사정으로 고려될 여지조차 없어 불합리하다는 의견도 많았습니다. 그리고 받는 기한을 정하고 매달 일정하게 납부하는 보험 같은 경우는 이혼하는 시기를 기준으로 보험계약을 해지했을 때의 환급금을 조회하여 재산분할에 포함시키는 것도 가능한데, 퇴직급여라고 해서 다르게 취급할 이유가 없기 때문에 법원의 입장이 바뀌어야 한다는 의견이 지속적으로 제기되어 왔지요.

결국, 2014년 대법원은 전원합의체 판결을 통해 '비록 이혼 당시 부부 일방이 아직 재직 중이어서 실제 퇴직급여를 수령하지 않았더라도 이혼소송의 사실심 변론종결 시에 이미 잠재적으로 존재하고 그 경제적 가치의 현실적 평가가 가능한 재산이 퇴직급여채권은 재산분할의 대상에 포함시킬 수 있다'고 판시함으로써 이혼 시 장래의 퇴직급여를 재산분할 대상에 포함시킬 수 있다는 입장을 취하고 있습니다(대법원 2014. 7. 16. 선고 2013므2250 전원합의체 판결).

이제는 이혼 소송의 사실심 변론종결시를 기준으로 그 시점에서 퇴직할 경우에 받을 수 있는 예상퇴직급여 상당액을 적극재산에 포함시켜 분할할 수 있지요.

국민연금도 분할할 수 있을까?

국민연금에 대해서는 일찍이 국민연금법에서 이혼한 배우자의 국민연금 중 일정 비율을 받을 수 있도록 규정하고 있었습니다. ① 혼인 기간(배우자의 가입 기간 중의 혼인 기간으로서 별거, 가출 등의 사유로 인해 실질적인 혼인관계가 존재하지 않았던 기간을 제외한 기간)이 5년 이상이어야 하고, ② 60세가 되어야 하고(단, 1953년생 이후부터는 출생연도별로 61~65세), ③ 이혼하였고, ④ 배우자였던 사람에게 노령연금 수급권이 있어야 합니다(국민연금법 제64조 제1항 참조).

위 요건을 갖추었다면 신분증과 혼인관계증명서를 지참하고 국민연금공단에 방문하여 분할연금지급청구서를 제출합니다. 구체적인 분할연금액은 배우자였던 자의 노령연금액 중 혼인 기간에 해당하는 연금액을 균등하게 나눈 금액입니다. 단, 분할연금지급청구는 위 요건들을 갖추게 된 때부터 5년 이내에 청구해야 한다는 것을 잊지 마세요! 이혼한 날로부터 3년 이내에 공단에 분할연금을 미리 청구해두는 분할연금 선청구도 가능합니다. 물론 미리 청구해도 분할연금은 수급권이 발생한 이후부터 지급되고요.

배우자 일방이 가출하여 부부간의 공동생활에 전혀 기여하지 않다가 이혼까지 한 후에, 상대방의 국민연금을 나누어 달라고 청구할 수 있을까?

예를 들어, 남편이 가족을 두고 가출하여 혼자 살면서 가족들을 전혀 부양하지 않은 상태로 오랜 기간 지내다가 나중에 아내가 국민연금을 수령한다는 사실을 알고 아내의 국민연금 일부를 나누어 달라고 요구할 수 있을까요? 개정 전의 국민연금법은 법률혼 기간을 기준으로 분할연금 수급권을 인정한다고 규정함으로써 별거나 가출 등으로 실질적인 혼인관계가 존재하지 않았던 기간까지 일률적으로 혼인기간에 포함시켜 분할연금을 산정하도록 하고 있었고, 그 결과로 가족을 전혀 돌보지 않았던 남편까지도 아내의 국민연금을 분할 수령할 수 있는 문제가 있었습니다.

이후 헌법재판소의 헌법불합치결정이 있었고(헌법재판소 2016. 12. 29. 선고 2015헌바182 결정), 국회에서 국민연금법을 개정하여 혼인기간에서 '별거, 가출 등의 사유로 인해 실질적인 혼인관계가 존재하지 않았던 기간을 제외'함으로써 위와 같은 문제를 입법적으로 해결하였습니다(2017. 12. 19. 법률 제15267호로 개정된 국민연금법). 대법원 2018. 7. 11. 선고 2016두 47697 판결을 참고할 수 있습니다.

위자료와 양육비
받아내는 법

위자료 받아내는 법

위자료를 지급하겠다며 이혼을 보채던 배우자가 막상 이혼하더니 약속한 위자료를 지급하지 않는다면, 마음고생이 클 수밖에 없습니다. 이혼 전에 조금만 신경 쓰면 이런 상황에 대비할 수 있습니다.

① 협의 이혼계약공정증서 작성

앞서 '재산분할은 어떻게 하죠?'에서 강제집행이 가능한 협의 이혼 계약공정증서에 대해 설명드렸죠? 위자료를 정해둔 상태에서 상대방이 지급하지 않으면 공증인에게 집행문을 받아 상대방의 재산을 강제집행 할 수 있습니다.

② 이혼합의서를 근거로 소송 제기

협의 이혼 당시 강제집행을 인정하고, 이를 승낙한 공정증서를 작성하지 못했더라도 위자료에 대한 내용이 포함된 이혼합의서를 작성해 두면, 이를 근거로 위자료 지급을 청구할 수 있습니다. 하지만 법원으로부터 판결을 받아야 하기 때문에 시간은 걸리겠지요.

양육비 받아내는 법

양육비는 자녀의 복리를 위해 필수적이기 때문에 가사소송법은 양육비 이행이 잘 이루어질 수 있도록 여러 제도를 두고 있습니다.

① 양육비부담조서로 강제집행하기

협의 이혼을 할 때 양육권을 갖고 있지 않은 사람이 양육권자에게 양육비를 지급하기로 하는 양육비부담조서가 만들어집니다. 상대방이 양육비를 지급하지 않으면, 이 양육비부담조서만으로도 상대방 재산에 대한 강제집행이 가능합니다(민법 제836조의2 제5항, 가사소송법 제41조).

② 이행명령 신청하기

판결, 심판, 조정조서, 조정을 갈음하는 결정 또는 양육비부담조서의 의무를 이행하지 않는 경우에는 법원에 이행명령을 신청하여 일정 기간 내에 의무를 이행할 것을 명할 수 있습니다. 이때 신청인의 신청 또는 법원이 직권으로 양육비 지급을 이행하지 않을 경우 1,000만 원 이하의 과태료를 부과하도록 할 수 있고, 정기금의 지급을 명령받고 3기 이상 그 의무를 이행하지 않으면 30일 범위에서 의무를 이행할 때까지 지급의무자를 감치할 수도 있어 심리적 압박이 될 수 있습니다.

③ 양육비 직접지급명령 신청하기

보통 양육비는 매월 도래하는 날에 자녀에게 지급하게 되는데, 매월 받아야 할 양육비를 늦게 받을까봐 불안한 양육권자를 위해 양육비 직접지급명령제도가 있습니다. 양육비를 지급해야 할 전배우자가 정당한 사유 없이 2회 이상 양육비를 지급하지 않으면, 앞으로 받을 양육비는 전배우자의 고용주(소득세원천징수의무자)에게 청구할 수 있습니다.

④ 담보제공명령 신청하기

양육비를 지급해야 할 전배우자가 사업을 한다거나, 일정한 직업이 없다면 고용주가 없으니 양육비 직접지급명령을 신청하기 힘들 수 있겠죠? 이런 경우, 장래 양육비 지급을 담보하기 위해 법원에 담보제공명령을 신청해서 양육비 지급의무자로 하여금 일정 기간 내에 담보를 공탁하도록 할 수 있습니다. 담보에는 유가증권, 보증보험증권, 현금 등이 있습니다. 양육비 지급의무자가 담보제공명령에 응하지 아니할 경우, 법원은 양육비채권자의 신청에 따라 양육비의 전부 또는 일부를 일시금으로 지급하도록 하는 일시금지급명령을 할 수 있습니다(가사소송법 제63조의3 제4항).

전배우자가
아이를 보여주지 않아요

18

    부부가 이혼한 후, 자녀를 양육하는 부모 중 일방이 타방에 대한 악감정을 갖고 자녀와의 면접교섭을 방해하려는 경우가 있습니다. 그 이유는 여러 가지가 있겠지만, 주로는 이혼으로 갈라선 상대방에 대한 보복적 감정이 면접교섭의 방해라는 형태로 표출된 것으로 볼 수 있습니다. 전배우자와의 관계와 자녀 관계는 별개로 생각하는 성숙한 태도가 필요한데 말이죠.

    자녀를 직접 양육하지 않는 부모와 자녀가 서로 만나거나 연락을 주고받을 수 있는 권리를 '면접교섭권'이라고 합니다. '면접교섭권'은 천부적인 권리이기 때문에 포기할 수 있는 성격의 것이 아닙니다. 그래서 부모 간에 협의하여 '자녀 a를 키우지 않는 A는 평생 a를 만나지 않기로 한다!'는 약속은 효력이 없지요. 그리고 면접교섭권은 부모의 권리일 뿐만 아니라 자녀의 권리이기도 합니다. 우리 민법에서 '자를 직접 양육하지 아니하는 부모의 일방과 자는 상호 면접교섭할 수 있는 권리를 가진다(민법 제837조의2 제1항)'라고 하여 부모와 자녀의 '면접교섭권'을 보장하고 있습니다.

참고로 최근의 민법 개정으로 조부모의 면접교섭권 규정이 신설되었기 때문에 2017. 6. 3.부터는 조부모의 면접교섭권이 제한적으로나마 허용됩니다(민법 제837조의2 제2항).

면접교섭심판청구 – 협의 이혼절차로 이혼한 경우

자녀를 직접 양육하지 않는 부모의 일방은 자녀를 양육하는 부모의 일방을 상대방으로 하여 면접교섭심판을 가정법원에 청구할 수 있습니다. 또한 비양육친은 면접교섭심판청구에 대한 가정법원의 심판결정이 있기 전에 면접교섭에 관한 사전처분을 신청할 수 있습니다. 이 경우, 가정법원은 사전처분에 관한 심문기일을 지정하여 당사자들을 심문한 후 사전처분을 인용하는 경우가 많은데, 이는 면접교섭에 관한 심판이 진행되는 동안에도 자녀와 비양육친의 면접교섭이 계속 유지되도록 배려할 필요가 있기 때문입니다.

이행명령

판결, 심판, 조정조서, 조정을 갈음하는 결정에 따른 면접교섭의 내용을 이행하지 않을 경우에는 법원에 이행명령을 내려줄 것을 신청할 수 있습니다. 이때 법원은 당사자 신청 또는 직권으로 이행명령 불이행 시 1,000만 원 이하의 과태료를 부과할 수 있습니다. 이러한 이행명령을 통해 면접교섭을 간접적으로나마 강제할 수 있습니다.

　　면접교섭권을 행사하는 부모도 자녀를 만났을 때 성숙한 태도가
필요합니다. 양육권자에게 할 말을 자녀를 통해 전달하게 하거나 양육
권자의 험담을 자녀에게 늘어놓으면 자녀의 심리적 안정을 해칠 수밖에
없겠죠. 자녀의 복리를 위해 부득이한 경우 면접교섭권이 제한되거나
배제될 수 있다는 점을 기억하세요!(민법 제837조의2 제3항)

배우자가 가출한 지
1년이 지났어요

19

공시송달로 이혼하기

부부가 혼인신고를 하고 1년 정도 함께 생활하다 크게 다투면서 아내가 가출하게 되었습니다. 남편은 몇 년간 기다렸지만, 아내는 돌아오지 않았습니다. 그렇게 아내는 아내대로, 남편은 남편대로 생활하면서 10년이 흘러버렸습니다. 서로 생사 확인도 되지 않는 이 부부는 부부라고 할 수 없겠죠. 하지만 법적으로는 부부입니다. 각자 떨어져 사는 기간이 길어지면 자동이혼이 된다고 알고 있는 사람들이 많지만, 자동이혼이란 건 없습니다.

그렇다면 어디 있는지 알 수 없는 배우자를 상대로 어떻게 이혼 소송을 제기해야 할까요? 이처럼 소재가 불명한 상대방에게 이혼 청구를 하기 위해 '공시송달' 제도가 있습니다. 상대방이 직접 소송서류를 수령하기 전까지 소송을 진행할 수 없다면 권리구제가 어렵기 때문에 상대방의 송달장소를 알 수 없는 경우 법원사무관 등이 송달할 서류를 보관하고, 그 사유를 법원게시판에 게시하는 등의 방법으로 송달에 갈음합니다. 통상 주민등록초본의 최종전입신고지를 확인해보거나 직장주소지 등으로 보내고, 송달되지 않으면 공시송달로 소송을 진행합니다. 법원에서 서류를 보관하고 있으니 추후 소송 사실을 알게 되면 법원에 방문하여 수령할 수 있습니다.

　　다만, 이혼 소송에서는 공시송달이 까다롭게 이루어집니다. 부부는 동 주민센터에서 주민등록초본을 바로 떼어볼 수 있습니다. 주소지로 보내보고, 그곳에 살지 않는다면 친족들에게 상대방의 주소지를 알고 있는지 회신을 요청합니다. 관할 경찰서에 소재탐지를 촉탁하기도 합니다. 이렇게 여러 방법을 시도해도 상대방의 소재가 파악되지 않는 경우에 비로소 공시송달로 소송을 진행할 수 있습니다. 만약, 상대방의 소재지가 파악되었다면, 그 소재지로 소송서류를 송달함으로써 이혼 소송을 진행할 수 있으므로 이러한 경우에는 공시송달할 이유가 없어지게 됩니다.

파혼했는데 약혼예물은
돌려받을 수 있나요?

사랑하는 사람을 만나 양가 부모님끼리 상견례도 마치고 결혼식장도 잡았습니다. 지인들에게 청첩장도 돌렸는데 결혼식을 한 달 앞두고 상대방이 결혼을 하지 못하겠다고 합니다. 예전 애인을 잊지 못하겠다는 상대방, 어떻게 대처해야 할까요?

정당한 약혼해제 사유

우리 민법에서는 다음과 같이 약혼해제 사유를 정하고 있습니다.

제804조(약혼해제의 사유) 당사자 한쪽에 다음 각 호의 어느 하나에 해당하는 사유가 있는 경우에는 상대방은 약혼을 해제할 수 있다.

　1. 약혼 후 자격정지 이상의 형을 선고받은 경우

　2. 약혼 후 성년후견개시나 한정후견개시의 심판을 받은 경우

3. 성병, 불치의 정신병, 그 밖의 불치의 병질(病疾)이 있는 경우

4. 약혼 후 다른 사람과 약혼이나 혼인을 한 경우

5. 약혼 후 다른 사람과 간음(姦淫)한 경우

6. 약혼 후 1년 이상 생사(生死)가 불명한 경우

7. 정당한 이유 없이 혼인을 거절하거나 그 시기를 늦추는 경우

8. 그 밖에 중대한 사유가 있는 경우

사람 간의 관계에서 위 1호부터 7호 이외의 사유들도 많기 때문에 8호에 중대한 사유로 사유의 폭을 넓혀두었습니다. 예를 들어, 대졸이라고 했는데 사실은 고졸이었고, 7급 공무원이라고 했는데 계약직 공무원이라는 등의 사정이 있다고 가정해보겠습니다. 혼인의 본질은 양성 간의 애정과 신뢰에 바탕을 둔 인격적 결합입니다. 그리고 약혼은 그러한 혼인을 목적으로 하는 혼인의 예약입니다. 따라서 약혼자들은 자신의 학력, 경력 및 직업과 같이 혼인의사를 결정하는 데 있어 중대한 영향을 미치는 사항에 관하여 상대방에게 사실대로 고지해야 할 신의성실의 의무가 있습니다. 학력, 직업 등을 사실대로 이야기하지 않은 경우, 신뢰관계가 바탕이 되어야 할 혼인이 제대로 이루어지기 어렵다고 보아 정당한 파혼사유가 될 수 있지요.

그런데 위와 같은 정당한 약혼해제사유 외에 단순한 변심으로 파혼하게 되면 어떻게 해야 할까요? 파혼을 당한 사람은 이렇게 일방적으로 파혼을 선언한 사람에게 재산상 손해, 정신적인 손해를 배상하도록 청구할 수 있습니다. 좀 더 구체적으로 알아보겠습니다.

각종 계약금

예식장, 신혼여행, 버스대절 등을 예약하면서 계약금을 걸어두고 예약을 취소하면 계약금을 몰취한다는 내용으로 계약을 체결하는 경우가 많습니다. 이처럼 몰취당하는 예식장, 여행사 계약금 등의 손해를 배상하도록 청구할 수 있습니다.

예물, 예단

예물, 예단은 혼인의 성립을 증명하고 혼인이 성립한 경우, 당사자 내지 양가의 정리를 두텁게 할 목적으로 수수되는 것으로, 혼인의 불성립을 해제조건으로 하는 증여와 유사한 성질을 가집니다. 즉, 혼인이 성립되지 못하면 그 제공자에게 반환해야 하는 것이지요. 다만, 관계의 파탄에 과실이 있는 사람은 상대방에게 자신이 제공한 예물, 예단을 반환 청구할 권리가 없습니다(대법원 1976. 12. 28. 선고 76므41, 76므42 판결). 상대방이 알아서 돌려주면 받는 것은 무방합니다. 그리고 원상회복이 원칙이므로 상대방에게 주었던 예물의 반환을 요구하는 것이 원칙입니다. 만약, 상대방이 예물을 처분하여 보관하고 있지 않다면, 그때에는 가액반환을 요구할 수 있습니다.

위자료

행복한 혼인생활을 상상하며 부푼 마음으로 결혼을 준비하고, 사람들에게 식사를 대접하며 청첩장을 돌렸는데, 결혼을 한 달 앞두고 파혼이라니! 눈앞이 캄캄합니다. 부모님도 충격에 몸져누우셨습니다. 이처럼 파탄에 책임이 없는 일방은 책임이 있는 상대방에게 정신적 피해 보상을 청구할 수 있습니다. 부모님 또한 위자료를 청구할 수 있습니다.

Memo

21　옆집에서 아이를 학대해요

22　어린이집에서 선생님이 폭력을 휘둘러요

23　남편이 부부싸움을 할 때마다 때려요

24　우리 아이가 학교에서 왕따를 당해요

25　맞아서 코뼈가 부러졌어요

26　정당방위는 뭔가요?

27　전남자친구가 페이스북에 제 동영상을 올렸어요

28　성폭력을 당했을 때는 어떻게 해야 하나요?

29　제가 고소를 당했어요

30　형사재판을 받게 되었어요

31　남자인데요, 저도 신고해도 되나요?

폭력과 학대,
더 이상 참지 마세요!

3

Common Sense Dictionary of Everyday Law

옆집에서
아이를 학대해요

신혼부부인 A, B는 길벗아파트 601호로 이사를 갔습니다. 이웃들에게 잘 부탁한다는 인사를 하려고 떡도 맞추었지요. 떡을 갖고 옆집 초인종을 누르려고 하는데, 아이가 우는 소리가 들렸습니다. '어린아이가 있는 집이구나'라고 생각하면서 초인종을 눌렀더니 엄마가 문을 열어줍니다. 그런데 문 사이로 보이는 우는 아이의 모습이 예사롭지 않습니다. 옷은 다 벗고 있는데 몸이 멍투성이인 겁니다!

잔인하고 지속적인 아동학대

아동학대란 무엇일까요? '아동복지법'에서는 다음과 같이 아동학대에 대한 정의를 내리고 있습니다.

보호자를 포함한 성인이 아동의 건강 또는 복지를 해치거나 정상적 발달을 저해할 수 있는 신체적, 정신적, 성적 폭력이나 가혹행위를 하는 것과 아동의 보호자가 아동을 유기하거나 방임하는 것

그러니까 신체를 손상하는 행위뿐만 아니라 심리적으로 스트레스를 주는 행위, 성적으로 음란한 행위를 시키는 행위, 방치하는 행위가 모두 학대지요. '아동복지법', '아동학대 범죄의 처벌 등에 관한 특례법', '아동·청소년 성보호에 관한 법률', '성폭력 범죄의 처벌 등에 관한 특례법' 등에서 위와 같은 아동 학대행위를 금지하는 한편, 학대행위자를 처벌하고 있습니다.

예를 들어, 아동복지법에서는 '아동의 신체에 손상을 주거나 신체의 건강 및 발달을 해치는 신체적 학대행위'를 금지하고[1] 이를 어기

---

1 제17조(금지행위) 누구든지 다음 각 호의 어느 하나에 해당하는 행위를 하여서는 아니 된다. 〈개정 2014. 1. 28.〉

　1. 아동을 매매하는 행위

　2. 아동에게 음란한 행위를 시키거나 이를 매개하는 행위 또는 아동에게 성적 수치심을 주는 성희롱 등의 성적 학대행위

　3. 아동의 신체에 손상을 주거나 신체의 건강 및 발달을 해치는 신체적 학대행위

　4. 삭제 〈2014. 1. 28.〉

　5. 아동의 정신건강 및 발달에 해를 끼치는 정서적 학대행위

　6. 자신의 보호·감독을 받는 아동을 유기하거나 의식주를 포함한 기본적 보호·양육·치료 및 교육을 소홀히 하는 방임행위

　7. 장애를 가진 아동을 공중에 관람시키는 행위

　8. 아동에게 구걸을 시키거나 아동을 이용하여 구걸하는 행위

　9. 공중의 오락 또는 흥행을 목적으로 아동의 건강 또는 안전에 유해한 곡예를 시키는 행위 또는 이를 위하여 아동을 제3자에게 인도하는 행위

　10. 정당한 권한을 가진 알선기관 외의 자가 아동의 양육을 알선하고 금품을 취득하거나 금품을 요구 또는 약속하는 행위

면 5년 이하의 징역, 3,000만 원 이하의 벌금에 처하고 있습니다.[2]

피해아동에 대한 보호조치

'아동학대범죄의 처벌 등에 관한 특례법'에서 학대 당하는 아동을 위한 보호조치를 규정하고 있습니다. 신고를 받고 출동한 경찰관은 가해자를 피해아동으로부터 격리하고, 피해아동을 아동학대 관련 보호시설로 인도하거나 아이에게 치료가 필요할 경우, 의료기관으로 이동시키는 응급조치를 할 수 있습니다. 그리고 가정에서 이루어지는 학대는 재발 가능성이 크기 때문에 필요할 경우 가해자에게 피해아동으로부터 퇴거·격리, 100m 이내 접근 금지, 전기통신을 이용한 접근을 금지시키는 긴급임시조치를 취할 수 있습니다. 그리고 법원에 위와 같은 학대행위자에 대해 친권 또는 후견인 권한 행사의 제한 또는 정지, 경찰관서의 유치장 또는 구치소에 유치하는 등의 임시조치를 청구할 수 있지요. 만

---

11. 아동을 위하여 증여 또는 급여된 금품을 그 목적 외의 용도로 사용하는 행위

2 제71조(벌칙) ① 제17조를 위반한 자는 다음 각 호의 구분에 따라 처벌한다. 〈개정 2012. 12. 18., 2014. 1. 28.〉

　　1. 제1호(「아동·청소년의 성보호에 관한 법률」 제12조에 따른 매매는 제외한다)에 해당하는 행위를 한 자는 10년 이하의 징역에 처한다.

　　1의 2. 제2호에 해당하는 행위를 한 자는 10년 이하의 징역 또는 5,000만 원 이하의 벌금에 처한다.

　　2. 제3호부터 제8호까지의 규정에 해당하는 행위를 한 자는 5년 이하의 징역 또는 3,000만 원 이하의 벌금에 처한다.

　　3. 제10호 또는 제11호에 해당하는 행위를 한 자는 3년 이하의 징역 또는 2,000만 원 이하의 벌금에 처한다.

　　4. 제9호에 해당하는 행위를 한 자는 1년 이하의 징역 또는 500만 원 이하의 벌금에 처한다.

약, 학대행위자가 이러한 조치내용을 어길 경우, 2년 이하의 징역 또는 2,000만 원 이하의 구류 또는 벌금이 부과됩니다.

'아동학대범죄의 처벌 등에 관한 특례법' 제10조 제1항은 '누구든지 아동학대범죄를 알게 된 경우나 그 의심이 있는 경우에는 아동보호전문기관 또는 수사기관에 신고할 수 있다'라고 정하고 있습니다. 신혼부부 A, B도 예외는 아니겠죠? 전국아동보호전문기관 통합번호 1577-1391 또는 경찰 통합번호 112번에 신고합니다.

어린이집에서
선생님이 폭력을 휘둘러요

4살 아이를 키우고 있는 A 씨는 아침 일찍 아이를 어린이집에 데려다주고 출근합니다. 그러던 어느 날, 아이의 머리가 퉁퉁 부어서 돌아왔습니다. 어디에 부딪혔냐고 물었더니 선생님이 말을 안 듣는다고 손으로 머리를 때렸다는 겁니다.

'아동학대범죄의 처벌 등에 관한 특례법' 신설

앞서 아동학대행위에 대해 설명드렸죠? 기존에는 아동학대범죄가 '아동복지법'에 따라 규율되었습니다. 그런데 가정, 어린이집, 유치원 등에서 훈육이라는 명목으로 학대가 가해지고, 사망에 이르는 일이 세상에 알려지면서 아동학대범죄를 더 강하게 규율해야 한다는 목소리가 높아졌습니다. 2014년 아동학대범죄에 대한 처벌규정을 강화하고 상습범, 아동복지시설 종사자의 아동학대를 가중처벌하는 법률을 담은 '아동학대범죄의 처벌 등에 관한 특례법'이 시행되었습니다.

위 법률에 의해 아동복지시설 종사자가 아동학대를 하는 경우, 형의 2분의 1까지 가중할 수 있고, 폭행, 상해, 유기 등으로 아동이 사망에 이르는 경우, 무기 또는 5년 이상의 징역에 처할 수 있습니다. 그리고 직무상 아동학대를 금방 알 수 있는 업무를 수행하는 사람, 예를 들어 어린이집이나 유치원 원장, 교사, 초·중·고등학교 교직원, 구급대 대원, 가정폭력 관련 상담소장 또는 종사자 등에 대해서는 아동학대를 발견하면 신고할 의무를 지우고 있습니다. 학대 사실을 알거나 강한 의심이 있는데도 별다른 이유 없이 신고하지 않으면 500만 원 이하의 과태료를 부과하도록 하고 있지요.

아이의 머리를 때려 혹까지 나게 한 어린이집 선생님은 '아동학대범죄의 처벌 등에 관한 특례법'에 따라 가중처벌되고, 선생님에 대한 감독을 제대로 하지 못한 원장(사용자)도 벌금형에 처해집니다.[1] 그리고 아동학대로 인해 징역 또는 벌금형을 선고받은 경우 자격취소처분을 받게 되고, 해당 아동복지시설은 평가인증 취소, 사업 정지 또는 시설 폐쇄도 가능합니다.

---

1 '아동복지법' 제74조(양벌규정) 법인의 대표자나 법인 또는 개인의 대리인, 사용인, 그 밖의 종업원이 그 법인 또는 개인의 업무에 관하여 제71조의 위반행위를 하면, 그 행위자를 벌하는 외에 그 법인 또는 개인에게도 해당 조문의 벌금형을 과한다. 다만, 법인 또는 개인이 그 위반행위를 방지하기 위하여 업무에 관하여 상당한 주의와 감독을 게을리하지 아니한 경우에는 그러하지 아니하다.

남편이
부부싸움을 할 때마다 때려요

평소 사이가 나쁘지 않은 부부 A와 B도 여느 부부들이 그렇듯이 부부싸움을 할 때가 있습니다. 아내 B는 조용히 말해보려 애쓰지만, 어느새 소리를 지르고 있는 자신을 발견하게 되지요. 그런데 남편 A는 자기 말이 B에게 밀린다고 생각하면 B를 때리는 겁니다. 처음에는 팔, 다리 같은 곳이었지만, 어제는 그 큰손으로 B의 뺨에까지 손을 댔습니다.

'가정폭력'이란, 가정구성원 사이의 신체적, 정신적 또는 재산상 피해를 수반하는 행위를 말합니다. 배우자(사실혼 배우자도 포함), 배우자였던 사람(이혼 후에도 찾아와 폭력을 행사하는 사람들을 보호하기 위함입니다), 부모(계부모 포함), 자녀, 동거친족을 상대로 직접적으로 때리거나, 협박, 욕설로 정신적 고통을 주거나, 집안의 가구나 집기를 손상시키는 행위 등이 가정폭력이지요. 이러한 가정폭력범죄에 대해서는 '가정폭력방지 및 피해보호 등에 관한 법률', '가정폭력범죄의 처벌 등에 관한 특례법'에서 규정하고 있습니다(아동에 관해서는 아동학대범죄의 처벌 등에 관한 특례법이 적용됩니다).

신고한 다음은 어떻게 되나요?

'가정폭력방지 및 피해자보호 등에 관한 법률' 제9조의 4는 가정폭력신고를 받은 경찰관은 피해자를 보호하기 위해 신고된 현장에 출입하여 조사할 수 있다고 규정하고 있습니다. 경찰관이 신고를 받고 출동했을 때 가해자가 문을 열어주지 않아도 강제로 출입문을 열고 들어가 피해자를 보호할 수 있는 것이지요. 다시 말해서 부부 중 일방이 폭력을 행사하는 경우, 부모가 아동을 학대하는 경우, 가족이 노인을 학대하는 경우에는 경찰관은 피해자를 보호하기 위해 그 현장에 출입할 수 있고, 가정폭력행위자는 이러한 경찰관의 업무수행을 방해해선 안 됩니다.

가정폭력에는 공권력이 개입되요!

앞의 '옆집에서 아이를 학대해요'에서 학대아동에 대한 보호조치를 설명드렸죠? 마찬가지로 가정폭력피해자도 '가정폭력범죄의 처벌 등에 관한 특례법'에 의해 보호받을 수 있습니다.

법원은 가정폭력행위자를 피해자의 주거에서 퇴거 등 격리시키거나, 100m 이내에서 접근 금지, 전기통신을 이용한 연락을 하지 않도록 하거나, 의료기관 또는 요양소에 위탁하는 조치, 유치장 또는 구치소에 유치하는 임시조치를 취할 수 있습니다. 또한 보호시설에 감호위탁하거나 의료기관에 치료위탁을 받도록 하는 처분을 내릴 수 있습니다.

　　가정폭력은 단순히 가족 간의 사안이 아니라 공권력이 적극적으로 개입해야 할 사안입니다. 가정폭력이 발생하면 반드시 신고해서 국가의 도움을 받으시기 바랍니다!

우리 아이가
학교에서 왕따를 당해요

'학교폭력'이란, 학교 내외에서 학생을 대상으로 발생한 상해, 폭행, 협박, 따돌림, 강제적인 심부름, 성폭력, 정보통신망을 이용한 음란·폭력 정보 등에 의해 신체·정신 또는 재산상의 피해를 수반하는 행위를 말합니다. 직접적인 신체적 접촉이 없어도 욕설문자를 지속적으로 보내거나 SNS에 피해학생에 대한 좋지 않은 이야기를 올리는 행동들도 모두 '학교폭력'입니다.

청소년 시기에 학교폭력으로 인한 상처는 오랫동안 남아 인생 전반에 영향을 끼칩니다. 학교폭력의 가해자도, 피해자도 되어서는 안 되겠지만, 혹여 피해자가 된다면 하루빨리 중단시켜야 할 겁니다. 아이가 학교에서 '학교폭력'을 당했다면 어떻게 대처해야 하는지 알아볼게요.

학교에 조치를 요구

'학교폭력 예방 및 대책에 관한 법률'에서는 학교가 '학교폭력'의 예방과 대책을 위해 학교에 학교폭력대책자치위원회를 설립하도록 하고 있습니다. 학교에서 피해사실을 확인하거나 피해학생이나 보호자의 직접적인 요청이 있는 경우, 자치위원회를 열어 피해사실을 논의하게 됩니다. 가해사실이 밝혀졌다면 응당한 조치를 취해야겠죠? 자치위원회에서는 피해학생을 위해 심리상담, 치료, 학급 교체 등의 적절한 조치를 취하도록 학교의 장에게 요청합니다. 그리고 가해학생에 대해서는 사회봉사, 출석정지, 학급 교체, 전학, 퇴학 등의 처분을 내리도록 요청합니다.

경찰서에 가해자 고소, 고발!

학교의 조치가 충분하지 않다면, 사법기관에 도움을 요청합니다. 피해를 당한 학생이나 보호자는 수사기관(경찰, 검찰)에 가해학생을 처벌해달라고 고소할 수 있습니다. 그리고 교사, 학교장도 학교폭력을 고발할 수 있습니다(친고죄, 반의사불벌죄, 따돌림 제외). 학교폭력은 엄연한 범죄이기 때문에 미성년자라고 해서 경찰관에게 혼나고 끝나는 것이 아니라 형법, 소년법 등 법률에 따라 처리됩니다. 우선, 14세 미만의 가해학생은 소년법원에서 소년보호처리절차에 따라 처리합니다. 14세 이상의 가해학생은 소년법원에서 소년보호처리절차에 따라 처리할 수도 있고, 가해행동으로 중대한 피해가 발생한 경우라면 형사사건으로 처리되어 형사처벌을 받을 수도 있습니다.

부모에게 손해배상청구!

학교폭력으로 인해 피해학생이 다치면 치료비 그리고 정신적으로 입은 피해에 대해 가해학생 또는 그 부모에게 손해배상을 청구할 수 있습니다. 초등학교 3학년 아이에게 손해배상을 요구할 수는 없는 노릇이겠죠? 우리 민법은 미성년자가 타인에게 손해를 가한 경우에 그 행위의 책임을 변식할 지능이 없는 때에는 배상의 책임이 없고, 그 경우 감독할 법정의무가 있는 자(보통 친권자, 후견인)가 그 손해를 배상할 책임이 있다고 정하고 있습니다.

'책임을 변식할 지능'이라는 것이 일률적이지 않지만, 법원은 12세인 경우 책임을 변식할 능력이 없다고 보고, 그 부모가 배상책임을 지도록 했습니다. 그리고 가해학생에게 책임을 변식할 능력이 있어 가해학생에게 직접 책임을 물을 수 있는 경우에도 가해학생의 부모에게도 손해배상을 청구할 수 있습니다. 근거는 미성년자의 보호자로서 미성년자에 대한 보호·감독의무를 다하지 않았다는 이유이지요. 단, 보호·감독의무를 다했다고 인정되면, 가해학생의 부모에게 배상책임이 인정되지 않을 수도 있기 때문에 모든 경우에 인정되는 것은 아닙니다.

학교에 대해 손해배상청구!

학교 안에서나 학교 교육활동 중에는 학교의 교장, 교사도 학생을 보호 감독할 의무를 집니다. 피해학생이 몇 달간 지속적으로 학교폭력을 당했을 경우, 조금만 주의를 기울였다면 파악할 수 있었을 텐데 이를 알지 못했거나 적절한 조치를 취하지 못했다면, 학생에 관한 보호·감독 의무를 제대로 하지 못했다고 볼 수 있습니다. 사립학교에 대해서는 학교법인을 상대로, 국·공립학교에 대해서는 해당 지방자치단체를 상대로 손해배상을 청구할 수 있습니다(단, 해당 지방자치단체의 대표자는 '교육감'이라는 것에 주의해야 합니다).

알아두세요! 형사처벌과 보호처분

형사처벌이란, 형사기소에 의해 형사법정에서 재판을 받는 경우에 부과되는 처분으로, 벌금, 징역, 금고, 구류, 과료 등을 말합니다. 이에 반해 보호처분은 형사처벌과는 다릅니다. 경찰, 검찰이나 형사법원에서 사건을 송치받은 소년 법원은 사건을 조사, 심리하여 소년에게 다음 각 호의 보호처분을 부과할 수 있습니다(소년법에 따라 만 10세 이상 만 19세 미만인 경우).

1. 보호자 또는 보호자를 대신하여 소년을 보호할 수 있는 자에게 감호 위탁(6월, 6월의 범위에서 1회 연장 가능)
2. 수강명령(100시간 초과 못함)
3. 사회봉사명령(14세 이상의 경우에만 부과할 수 있음. 200시간 초과 못함)
4. 보호관찰관의 단기 보호관찰(1년)
5. 보호관찰관의 장기 보호관찰(2년, 단 1년의 범위 내 1차 연장 가능)
6. 「아동복지법」에 따른 아동복지시설이나 그 밖의 소년보호시설에 감호위탁
7. 병원, 요양소 또는 「보호소년 등의 처우에 관한 법률」에 따른 소년의료보호시설에 위탁
8. 1개월 이내의 소년원 송치
9. 단기 소년원 송치(6개월 초과 못함)
10. 장기 소년원 송치(2년 초과 못함)

맞아서 코뼈가 부러졌어요

오랜만에 고등학교 동창들을 만나 한잔하고 2차를 가던 A는 행인 B와 시비가 붙었습니다. 몸싸움이 날 것 같자 동창들이 A를 잡아끌어 돌아서는데, 화가 가시지 않은 B가 A의 얼굴을 주먹으로 때리는 바람에 코뼈가 부러졌습니다.

경찰에 신고

사건이 발생하면 바로 경찰에 신고하는 것이 좋습니다. 나중에 가해자가 "내가 언제 때렸느냐"며 발뺌할 수 있기 때문이지요. 그리고 처음 보는 사람이라면 나중에 고소하려고 해도 인적사항을 알지 못해 애를 먹을 수 있습니다.

경찰에 신고하면 경찰관이 출동합니다. 수사가 필요하면 가해자와 피해자를 경찰서로 데리고 가서 인적사항을 확인하고, 경위를 조사하지요. 현장에서 마무리되더라도 신고한 내역이 자료로 남기 때문에 신고해두는 것이 좋습니다.

병원으로 직행

병원에 가서 어디를 다쳤는지 검사받습니다. 엑스레이도 찍고 후유증이 남을 만한 여지가 있는지도 확인합니다. 치료도 받은 후 얼마간의 치료를 요하는지가 기재된 진단서를 발급받습니다. 진단서에는 '일반진단서'와 '상해진단서'가 있는데, 상해로 고소를 했거나 고소할 예정이라면 상해진단서를 발급받습니다.

형사처벌 폭행과 상해의 차이점

폭행이란, 신체에 대한 유형력의 행사를 말합니다. 예를 들어 손으로 밀친다거나 손목을 잡고 끄는 행동처럼 사람의 의사에 반해서 그 사람의 신체에 손을 대는 행위들은 모두 폭행이 될 수 있습니다. 그리고 이런 행위들로 인해 입술이 터지거나 팔이 부러지는 등 신체가 훼손되면 상해가 되는 것이지요. 형법에서 폭행죄는 '2년 이하의 징역, 500만 원 이하의 벌금, 구류 또는 과료에 처한다'라고 규정하고 있고, 상해죄는 '7년 이하의 징역, 10년 이하의 자격정지 또는 1,000만 원 이하의 벌금에 처한다'라고 규정하고 있습니다. 상해죄의 법정형이 더 중하지요. 그리고 폭행죄는 피해자가 가해자의 처벌을 원하지 않는다고 하면 가해자를 처벌할 수 없는 '반의사불벌죄'입니다(반면, 흉기를 이용한 폭행이나 여러 명이 폭행한 경우는 반의사불벌죄가 아닙니다). 하지만 상해죄는 가해자가 처벌을 원하지 않는다 하더라도 수사기관에서 계속 수사를 하게 됩니다.

그래서 피해가 경미하고, 피해를 모두 보상한다고 했을 때, 가해자가 형사처벌을 받는 것까지는 원하지 않는다면 가해자를 폭행으로 고소한 후, 가해자와 원만한 협의를 시도하기도 합니다.

가해자와 합의

가해자는 형사처벌을 받지 않거나 최대한 형량을 낮출 수 있도록 피해자와 합의할 필요가 있습니다. 피해자에게 용서를 구하고 피해자가 가해자의 처벌을 원하지 않는다는 '처벌불원서'를 작성해 수사기관이나 법원에 제출하면 형량을 낮추는 데 큰 도움이 되지요. 이 과정에서 보통 가해자는 병원검사비, 치료비, 장래 치료비, 일을 쉬게 된 손해, 위자료 등 피해자가 입은 손해를 배상합니다. 피해자의 입장에서도 이 과정에서 배상을 받는 것이 편하기 때문에 통상 가해자로부터 손해배상금을 받고, 처벌불원서를 작성해주는 경우가 많지요. 정해진 금액은 없지만 피해자의 손해를 충분하게 보상받을 수 있고, 가해자가 지급 가능한 금액에서 이루어집니다.

손해배상청구

만약, 반성의 기미가 전혀 없는 가해자가 '벌금받고 끝내겠다, 배째라!'며 합의조차 시도하지 않는 경우에는 어떻게 해야 할까요? 가해자는 형사처벌을 받는 것과는 별개로 피해자가 입은 손해를 배상할 책임이 있습니다. 피해자는 가해자에게 민사소송으로 손해배상을 청구할 수 있지요.

민사소송 외에 형사배상명령으로도 손해를 배상받을 수 있습니다. 법원이 가해자에 대한 형사재판에서 유죄를 선고하는 경우, 직권 또는 피해자의 신청에 따라 가해자의 범행으로 발생한 치료비, 위자료, 물적 피해에 대해 배상을 명령하는 것이지요. 그 대신 형사배상명령을 신청할 수 있는 형사사건은 폭행, 상해, 추행, 횡령, 손괴, 배임 등으로 한정되어 있으니 형사배상명령을 신청할 수 있는 범죄인지 확인한 후에 신청해야 합니다.

정당방위는 뭔가요?

한 20세 남자가 새벽에 귀가했는데 서랍장을 뒤지고 있는 50대 도둑을 발견하고 주먹으로 도둑의 얼굴을 때려 넘어뜨리고, 빨래 건조대와 벨트로 도둑의 등 부분을 여러 번 때려 결국 도둑이 식물인간 상태에 빠진 사건이 있었습니다. 1심 법원이 가해자가 되어버린 이 20세 남자의 정당방위 주장을 배척하고 징역 1년 6월을 선고하면서 엄청난 논란이 있었습니다. 대법원까지 이어진 재판과정에서 도둑의 친형은 병원비가 부담스러워 자살했고, 도둑도 결국 사망했습니다. 항소심법원에서는 상해치사죄를 인정해 징역 1년 6월에 집행유예 3년을 선고했고, 대법원을 거쳐 확정되었지요.

정당방위는 우리 형법 제21조에 나와 있습니다.

제21조(정당방위) ① 자기 또는 타인의 법익에 대한 현재의 부당한 침해를 방위하

기 위한 행위는 상당한 이유가 있는 때에는 벌하지 아니한다.

② 방위행위가 그 정도를 초과한 때에는 정황에 의하여 그 형을 감경 또는 면제할 수 있다.

③ 전항의 경우에 그 행위가 야간 기타 불안스러운 상태하에서 공포, 경악, 흥분 또는 당황으로 인한 때에는 벌하지 아니한다.

우리 법원은 정당방위에 해당하려면 '자기 또는 타인의 법익에 대한 현재의 부당한 침해'라는 방위상황에 직면했고, 법익 침해를 '방위하기 위한' 행위를 한 경우로서 그에 '상당한 이유'를 인정할 수 있어야 한다고 판시하고 있습니다. '상당한 이유'는 침해받는 법익의 종류, 정도, 침해의 방법, 침해행위의 완급과 방위행위가 침해할 법익의 종류, 정도 등 구체적 사정들을 종합하여 판단하게 되지요. 만약, 방위행위가 상당성을 결여해 정당방위에 해당할 수 없더라도 제반 정황을 고려할 때 참작할 만한 사유가 있는 때에는 과잉방위로 보아 그 형을 감경하거나 처벌대상에서 제외할 수 있지만, 방어가 아닌 공격을 위한 행위이거나 사회통념상 방위행위로서의 한도를 넘은 행위는 과잉방위로도 보지 않습니다.

예를 들어, 술집에서 싸움이 나 상대방이 팔을 잡아끌었다고 가정해볼게요. 이를 중지시키려면 상대방의 팔을 치거나 내 팔을 뿌리치면 되겠죠? 그런데 상대방을 주먹으로 때린다면? 팔을 잡아끄는 상대방의 행동을 멈추기 위한 행동으로 보기엔 과할 수 있습니다. 그런데 아무도 없는 골목길에서 성폭행범이 팔을 잡아끈다고 가정해볼게요. 과연 주먹으로 때리는 게 과하다고 볼 수 있을까요? 정당방위는 이렇게 구체적인 사정들을 개별적으로 판단할 수밖에 없습니다. 대법원은 남편의 불륜을 의심해 내연녀의 집에 들어가 폭행을 하자 내연녀가 발버둥을 치면서 상해를 가한 사안을 정당방위에 해당한다고 보았고(대법원 2010. 2. 11. 선고 2009도12958판결), 서로 말다툼을 하다 A가 컵에 든 물을 끼얹고 머리채를 잡자 그에 맞서 뺨을 때리고 어깨를 잡고 밀고 당긴 사안은 정당방위로 인정하지 않았습니다(대법원2004. 6. 25. 선고 2003도4934). 이렇게 정당방위는 요건이 까다롭고 사안에 따라 판단되기 때문에 굉장히 어려운 문제입니다.

알아두세요! **정당방위와 공격행위**

간혹 쌍방폭행에서 상대방이 먼저 주먹을 휘둘러서 대응하느라 나도 주먹을 휘둘렀다며 정당방위라고 우기는 경우가 있습니다. 부당한 공격을 방위하기 위한 것이라기보다는 서로 공격할 의사로 싸우다가 먼저 공격을 받고 이에 대항하여 가해하게 된 것이고, 이런 가해행위는 방어행위인 동시에 공격행위의 성격을 가지므로 정당방위로 보기 어렵습니다. 그러니 '먼저 때려라'라며 도발하지 마시고, 애초에 몸싸움은 절대 피하시기 바랍니다!

전남자친구가 페이스북에
제 동영상을 올렸어요

27

B는 A를 소개팅으로 만나 1년을 연애했는데, 사랑이 식어 A가 이별을 고하게 되었습니다. 그런데 친구로부터 전화를 받았습니다. B가 A와 침대에서 함께 장난으로 찍은 동영상이 있었는데, 이걸 자신의 페이스북에 올렸다는 겁니다! 설마하면서 B의 페이스북을 봤더니 동영상이 올려져 있었습니다. 게다가 A가 B의 볼에 뽀뽀하고 있는 사진까지 올리고는 '나와 수많은 밤을 함께 보낸 여자임'이라는 멘트까지!

SNS가 활성화되면서 게시물에 대한 전파는 '좋아요', '공유하기' 등을 통해 엄청나게 빠른 속도로 퍼지고 있습니다. 수배 중인 범인의 정보를 공유하는 좋은 방향으로 사용되기도 하지만, A 양처럼 끔찍한 결과를 낳는 수단이 되기도 합니다.

'성폭력범죄의 처벌 등에 관한 특례법'[1] 제14조에서 동영상을 촬영 대상자의 의사에 반해 인터넷에 올리는 행위를 처벌하고 있습니다. 촬영대상자가 촬영 자체에 동의하는 것과 그 영상을 여러 사람이 보는 것에 동의하는 것은 당연히 다르겠죠? 촬영대상자가 촬영에 동의했다 하더라도 이를 여러 사람이 볼 수 있도록 하는 경우에는 당연히 처벌됩니다. A의 허락 없이 동영상을 올린 B는 엄연한 성범죄를 저지른 겁니다. 그렇기 때문에 유죄가 확정되면 10 ~ 30년의 범위 내에서 신상정보등록 의무를 지게 되고, 취업에도 상당한 제한을 받게 됩니다.

법률 개정으로 범위가 확대되고, 처벌도 강화된 '카메라등이용촬영죄'

카메라등이용촬영죄는 촬영행위뿐 아니라 유포행위도 처벌하는 범죄입니다. 복제물을 유포한 때에도 동일하게 처벌됩니다. 최근 N번방, 박사방 등 SNS를 통한 사이버 성범죄로 인한 피해가 증가하면서 「성폭력범죄의처벌등에관한특례법」이 개정되었는데, 성폭력범죄의 법정형이 전반적으로 상향되었고, 불법 성적 촬영물(복제물 포함)과 관련된 처벌 대상이 확대되었습니다. 불법 성적 촬영물(복제품 포함)을 소지·구매·저장·시청하는 행위, 사람의 얼굴·신체·음성을 성적 욕망 또는 수치심을 유발할 수 있는 형태로 편집하는 행위, 그 편집물과 복제물

---

1 성폭력범죄의처벌등에관한특례법 제14조(카메라 등을 이용한 촬영) (2020. 5. 19 개정)
  ① 촬영한 자 : 7년 이하 징역 또는 5천만원 이하 벌금
  ② 유포한 자 : 7년 이하 징역 또는 5천만원 이하 벌금
  ③ 영리 목적으로 정보통신망을 이용해 유포한 자 : 3년 이상 유기징역
  ④ 소지 · 구입 · 저장 · 시청한 자 : 3년 이하 징역 또는 3천만원 이하 벌금
  ⑤ 상습범 : 2분의 1까지 가중

을 유포하는 행위, 그 촬영물 등을 이용하여 사람을 협박 또는 강요하는 행위를 처벌하는 규정이 신설되었습니다. 특수강도강간 등 범죄에 대한 예비음모죄도 신설되었습니다. 개정 법률은 2020년 6월 25일부터 시행되고 있습니다. 참고로, 2020년 6월 25일 이전에 불법 성적 촬영물(복제물 포함)을 다운로드하여 보관하고 있는 사람이 위 개정 법률 시행 후에도 계속하여 그 촬영물 등을 보관한다면, 그 사람은 '소지죄'로 처벌될 수 있습니다.

사이버명예훼손죄 성립

'정보통신망 이용촉진 및 정보보호 등에 관한 법률' 제70조 제1항 및 제2항에서는 사람을 비방할 목적으로 인터넷에 글을 올리는 행위를 처벌하고 있습니다. 이른바 '사이버명예훼손죄'이지요. 게재한 내용이 사실일 경우, 3년 이하의 징역 또는 3,000만 원 이하의 벌금, 허위일 경우 7년 이하의 징역, 10년 이하의 자격정지 또는 5,000만 원 이하의 벌금형에 처해집니다. 그리고 이렇게 떠돌아다니는 동영상, 사진, 비방글 등은 즉시, 최대한 삭제하는 것이 최선입니다. 증거자료를 확보한 후, 경찰청 사이버안전국에 신고하세요. 그리고 해당 게시물이 올라가 있는 사이트의 관리자에게 삭제를 요청하세요. 그리고 방송통신심의위원회는 인터넷 관리자에게 동영상이나 비방글을 삭제하도록 명할 수 있으니 방송통신심의위원회에도 이러한 사실을 알리고 삭제를 명하도록 요청하는 것이 필요합니다.[2]

---

2 정보통신망이용촉진및정보보호등에관한법률 제44조의7(불법정보의유통금지등) 참조

성폭력을 당했을 때는 어떻게 해야 하나요?

성폭행? 성추행? 구분해서 사용하자

우리는 흔히 성적 수치심을 일으키는 행동에 대해 '성폭행 당했다'라고 표현하곤 합니다. 그런데 성희롱, 성폭행, 성추행이라는 단어들이 통상적으로 의미하는 바가 조금씩 다르답니다.

성희롱은 성적 언동으로 성적 굴욕감이나 혐오감을 느끼게 하는 것을 일컫습니다.[1]

---

1 양성평등기본법, 국가인권위원회법, 남녀고용평등과 일·가정 양립 지원에 관한 법률 등에서 '성희롱'에 대해 정의하고 있습니다.

남녀고용평등과 일·가정 양립 지원에 관한 법률 제2조(정의) 이 법에서 사용하는 용어의 뜻은 다음과 같다.

2. "직장 내 성희롱"이란 사업주 상급자 또는 근로자가 직장 내의 지위를 이용하거나 업무와 관련하여 다른 근로자에게 성적 언동 등으로 성적 굴욕감 또는 혐오감을 느끼게 하거나 성적 언동 또는 그 밖의 요구 등에 따르지 아니하였다는 이유로 고용에서 불이익을 주는 것을 말한다.

성추행은 형법상 강제추행, 준강제추행에 해당하는 행동을 말하지요. 성폭행은 형법상 강간, 준강간, 유사강간에 해당하는 행동을 일컫습니다. 강간은 무엇일까요? 폭행 또는 협박을 수단으로 사람을 간음하는 행동을 말합니다. 폭행 또는 협박이 있어야 합니다. 성기의 삽입이 있게 되면 강간, 성기 외 손가락 등을 성기나 항문에 삽입하면 유사강간이 성립하지요. 이런 행위를 하려고 시도했다 실패해도 미수범으로 역시 강력하게 처벌받습니다.

통상 성희롱, 성추행, 성폭행을 포함하는 단어로 '성폭력'이라는 단어를 사용합니다. 상대방의 의사에 반해 이루어지는 성적인 언어, 행동으로 성적 자기 결정권을 침해하는 모든 유형의 행위를 말하지요.

모든 성폭력이 형사처벌대상은 아니다

형사처벌을 받게 하려면, 법률에 '어떤 행위를 하면 처벌한다'는 규정이 있어야 합니다. 단지 피해자가 성적 굴욕감을 느꼈다고 해서 법에 규정이 없는데 처벌해 전과자로 만들어선 안 되겠죠. 이를 '죄형법정주의'라고 합니다.

예를 들어, 직장 상사가 남자 직원과 단 둘이 화장실에서 볼일을 보는데 남자직원에게 'OO 씨는 성기가 굉장히 작네'라고 말했다고 생각해보세요. 남자 직원은 심한 성적 굴욕감을 느꼈을 겁니다. 하지만 이런 행동이 추행이나 강간은 아니지요. 성희롱에 해당하는 것은 맞지만, 성추행이나 성폭행으로 보기는 어렵습니다. 그리고 이런 성희롱은 형사처벌 규정이 없습니다. 그렇기 때문에 크나큰 성적 굴욕감을 안겨준 직장 상사를 형사적 처벌받게 할 수는 없습니다. 그렇다면 피해자인 남자직원은 그저 참고 있어야 하는 걸까요? 당연히 아니죠. 회사는 대부분 취업 규칙에 '성희롱' 행위를 징계사유로 삼고 있습니다. 또한 사업주는 성희롱이 발생하면 행위자에게 징계 내지 징계에 준하는 조치를 취해야 합니다.[2] 피해자인 남자직원은 직장 상사의 성희롱행위를 회사에 보고해 조치를 요구할 수 있습니다. 또한 직장상사에게 민사소송을 제기해 위자료를 청구할 수도 있지요.

성폭력 대처방안

가. 씻지 않고 병원으로 갈 것

강간 사건의 경우 체액, 정액, 체모 등을 채취해두면, 범인을 잡는데 큰 도움이 됩니다. 우리나라는 성폭력 피해자를 위해 거점 병원 내부에 해바라기지원센터를 24시간 운영하고 있습니다. 방문 즉시 증거를 채취할 수 있고, 성폭행에 따른 치료도 받을 수 있습니다. 또한 여성경찰이 상주하고 있어 여성경찰에게 피해 사실에 대해 진술할 수 있고, 피해자 국선변호사 선임도 안내받을 수 있습니다.

---

2 남녀고용평등과 일·가정 양립 지원에 관한 법률에서는 사업주에게 직장 내 성희롱을 방지하고 조치할 의무를 부과하고 있습니다. 1. 직장 내 성희롱 예방 교육 실시 – 위반 시 300만 원 이하의 과태료 2. 성희롱 발생 확인 시 행위자에 대한 징계 또는 징계에 준하는 조치 – 위반 시 500만 원 이하의 과태료 3. 성희롱을 당한 직원에 대한 해고 또는 불리한 조치를 취하지 않을 의무 – 위반 시 3년 이하의 징역 또는 2,000만 원 이하의 벌금 4. 사업주가 직장 내 성희롱 한 경우 1,000만 원 이하 과태료

나. 증거를 남겨라

성범죄의 대부분은 사람이 없는 곳에서 은밀하게 이루어지는 경우가 대부분이라 작은 증거라도 큰 가치가 있습니다. 휴대전화로 범인과의 대화를 녹음해놓거나 위급한 순간에 휴대전화로 가까운 사람에게 전화해 도움을 요청한 내역, 범인이 두고 간 소지품 등이 좋은 증거가 될 수 있습니다. 고소하면 수사기관에서 CCTV를 우선적으로 확보하지만, 확보가 필요한 근처 CCTV 영상을 조속히 확보해달라고 부탁하는 것도 필요합니다.

다. 기억하기 싫은 순간이지만 차분히 적어둘 것

가해자가 평소 아는 사람이라면 금방 검거될 수 있지만, 누군지 알지 못하는 사람이라면 검거에 몇 달씩 소요될 수 있습니다. 또는 가해자가 죄를 부인하면 재판이 여러 번 열리고 판결을 받기까지 상당한 시간이 소요되지요. 피해를 당한 사실은 평생 잊기 힘든 기억이라 몇 달이 지나도 명확하지만, 전후 상황이나 부수적인 기억들은 헷갈릴 수 있지요. 범인이 죄를 부인하면 피해자는 나중에 법정에 나가 증언해야 하는 경우도 있을 수 있는데, 사람의 기억력은 한계가 있으니 상황이 발생했을 때 바로 종이에 기록해두면 재판에서 기억을 살려 진술하는 데 도움이 됩니다.

가해자를 고소했을 때 절차

경찰, 검찰 수사절차

피해자가 수사기관에 가해자를 고소하고, 담당 수사관에게 피해사실을 진술합니다.

수사기관은 피해자의 피해사실을 조사한 후, 가해자를 소환하여 조사합니다. 가해자가 인정하지 않으면 거짓말탐지조사를 하기도 하고, 피해자가 성인이면 사건의 경중에 따라 피해자를 불러 대질 조사를 하기도 합니다. 성범죄 피해자는 수사단계부터 국선변호인의 조력을 받을 수 있습니다. 수사기관은 가해자에게 죄가 있다고 판단하면 가해자가 처벌받도록 하기 위해 가해자를 기소(공소제기)합니다. 그중 경미한 사건은 피해자가 가해자의 처벌을 원하지 않으면 기소유예하는 경우도 있지만, 이는 매우 드문 일입니다.

재판절차

가해자(피고인)가 죄를 인정하는 경우에는 피해자가 법원에 출석할 일이 없지만, 피고인이 죄가 없다고 주장하면서 피해자가 수사기관에서 진술한 내용을 증거로 쓰기를 동의하지 않는 경우, 피해자가 직접 법정에 나가 증언해야 합니다. 피해자가 가해자를 마주하기 어려운 점을 고려해 증언이 이루어지는 동안 피고인을 법정에서 퇴정시켜줄 것을 요청할 수 있습니다. 재판절차에서도 국선변호인의 조력을 받을 수 있습니다.

손해배상

수사절차나 재판절차 도중 가해자는 피해자에게 사죄하고 피해를 보상하려고 하는 경우가 많습니다. 피해자가 가해자의 처벌을 원하지 않는다는 처벌불원서를 제출하면 양형에 도움이 되기 때문입니다. 하지만 성범죄 피해자의 인적사항은 철저히 보호되기 때문에 가해자는 직접 피해자에게 연락할 수가 없고, 단지 피해자의 국선변호사를 통해 합의 의사를 묻거나 피해자에게 국선변호사가 선임되어 있지 않은 경우에는 수사기관이나 법원에 피해자에게 합의 의사가 있는지 여부를 확인해줄 것을 요청할 수 있을 뿐입니다. 다만, 수사기관이나 법원에서 가해자의 요청에 따라 피해자에게 합의의사여부를 물어보아야 할 의무가 있는 것은 아닙니다. 피해자로서는 가해자가 진심으로 뉘우치고 있다면 형사재판이 종결된 후에 따로 민사소송을 제기해 손해배상을 청구하기보다는 형사재판이 진행되는 도중에 가해자로부터 적정한 손해를 배상받는 것이 방법이 될 수 있습니다.

만약, 가해자를 용서해주고 싶지 않고, 손해배상은 받고 싶다면 어떻게 해야 할까요? 형사재판이 진행되는 법원에 배상명령을 신청해 피고인이 유죄로 판단될 경우, 직접적인 물적 피해, 치료비 손해, 위자료를 배상하도록 하는 배상명령을 신청할 수 있습니다. 또는 별도로 민사소송을 제기해 손해배상을 청구할 수도 있지요. 다만, 배상명령, 민사소송으로 판결을 받더라도 피고인에게 재산이 없으면 실제로 받기 어려울 수 있습니다.

형사절차를 반드시 거쳐야만 하는 것은 아니에요

성범죄는 가해자가 지인인 경우도 많습니다. 그래도 한때 잘 지내던 지인인데, 형사처벌을 받고 전과자가 되는 것을 원하지 않는다면, 고소하지 않고, 민사소송만 제기해 가해자에게 위자료, 병원 치료비 등의 금전적인 손해를 청구할 수 있지요. 하지만 형사재판은 검찰과 피고인이 당사자가 되어 유·무죄를 다투는 반면, 민사재판은 가해자와 피해자가 재판의 당사자가 되고, 피해자가 가해자로부터 피해를 입은 사실을 입증해야 합니다. 가해자가 잘못을 시인한 서면, 사과문, 카카오톡 내역, 통화내용 등이 있다면 입증이 수월하겠지만, 그렇지 않다면 입증하는 과정에서 심적으로 더 힘들 수 있습니다. 가해자가 가해사실을 다툴 것으로 판단되면 형사절차를 거친 후에 민사재판을 청구하는 것을 추천합니다. 그리고 직장이나 학교의 징계규칙에 따라 징계받도록 하는 것도 가능합니다.

알아두세요! **가해자와의 합의만으로 사건을 종결시킬 수는 없어요**

과거에는 강간, 강제추행 등 성범죄를 친고죄로 규정하고 있었습니다. 친고죄란, 피해자가 고소를 해야 수사를 시작하고 처벌할 수 있는 죄를 말하지요. 가해자가 피해자와 합의하고 피해자가 고소를 취하하면, 수사가 종결되었답니다. 그러니 가해자가 피해자에게 무리하게 접근해 고소취하를 요구하고, 또 반대로 이걸 이용하는 피해자도 늘어났지요. 그래서 법개정을 통해 2013년 6월 19일부터 성범죄에 대한 친고죄 규정이 삭제되었습니다. 피해자가 수사기관에 고소를 취하한다 하더라도 사건이 종결되지 않는답니다. 가해자가 피해자와 합의했다는 사실은 양형에 영향을 줄 뿐이지요.

제가 고소를 당했어요

조사를 받을 때는 피의자, 재판을 받을 때는 피고인

먼저 피의자는 수사기관에서 범인으로 의심되어 조사를 받는 사람을 말합니다. 수사기관이란 경찰과 검찰을 말합니다. 경찰은 피의자의 범죄혐의를 수사한 후 혐의가 있다고 인정하면 사건을 종결하지 않고 검사에게 보내는데, 이것을 '사건 송치'라고 합니다. 사건이 검찰로 송치되면, 검찰에서는 송치된 사건에 대한 검찰 사건번호(2021형제ㅇㅇㅇㅇ호)를 부여하고 담당 검사를 지정합니다. 검사는 송치된 사건에 대해 경찰에 보완수사를 명하거나 경찰에서 수사한 내용을 토대로 기소 여부를 결정합니다. 검사가 피의자를 법원에 기소하고, 피의자가 형사재판을 받게 되면, 기소된 때부터 '피의자'의 지위가 '피고인'으로 전환됩니다.

구속된 상태에서 조사를 받을 수도 있다

피의자의 범죄혐의가 상당하고, 주거가 일정치 않으며, 증거를 인멸하거나 도망할 염려가 있다면 검사는 법원(관할지방법원 판사)에 구속영장을 청구할 수 있습니다. 경찰은 검사에게 피의자에 대한 구속영장청구를 신청합니다. 법원은 구속 사유를 심사하면서 범죄의 중대성, 재범의 위험성, 피해자 및 중요 참고인에게 위해를 가할 우려가 있는지 등도 함께 고려합니다. 이를 영장실질심사라고 합니다. 심사가 끝나면 구속영장 발부 여부를 결정합니다. 구속영장이 청구되고부터 영장실질심사까지는 하루 또는 이틀 정도의 시간이 있습니다. 피의자는 영장실질심사에 앞서 구속영장이 청구된 법원의 '영장계'에서 구속영장청구서를 확인할 수 있습니다. 구속영장청구서에는 피의자의 범죄혐의와 구속이 필요한 사유가 적혀 있는데, 내용을 파악한 후에 심사에 출석하여 자신의 의견을 진술하는 것이 좋습니다.

만약 피의자가 체포된 상태로 구속영장이 청구됐다면 경찰서 유치장 등 구금 시설에 대기했다가 영장실질심사를 하는 법원으로 출석하게 됩니다. 체포되지 않은 상태라면 심사 당일 예정된 시간에 맞춰 법원으로 직접 출석하거나, 조금 일찍 경찰서나 검찰청으로 가서 수사관들과 같이 이동합니다. 영장실질심사가 끝난 후 영장 발부 여부가 결정될 때까지는 경찰서 유치장이나 구치소에 수감 되어있어야 합니다. 영장 발부가 기각됐다면 바로 석방되지만, 영장이 발부되면 구속된 상태에서 수사와 재판을 받게 됩니다.

구속적부심사청구 혹은 보석청구는 신중히 결정해야

경찰은 구속영장이 발부된 피의자를 10일 동안 구속한 상태로 수사할 수 있고, 위 기간 내 검찰에 송치합니다. 검사는 최장 20일 동안 피의자를 구속한 상태에서 수사할 수 있고, 위 기간 내에 기소해야 합니다. 구속된 피의자는 기소되기 전에 법원에 구속적부심사를 청구하여 구속의 당부(當否)에 대해 다시 판단 받을 수 있고, 구속된 피고인은 보석을 청구할 수 있으나, 구속적부심사를 통해 석방되거나 보석청구가 허가되는 경우는 드물고, 책임을 회피한다는 부정적인 인상을 줄 수 있는 우려도 있으므로, 구속적부심사청구나 보석청구는 신중히 결정해야 합니다.

경찰이 검사에게 사건을 보내지 않는 경우도 있다

형사소송법 개정으로 2021. 1. 1.부터 경찰의 사건 처리에는 큰 변화가 있습니다. 가장 대표적인 변화는 경찰의 불송치결정입니다. 이전까지 경찰은 피의자의 범죄혐의 인정 여부를 불문하고 사건을 검사에게 송치해야 했지만, 이제는 피의자의 범죄혐의가 인정되는 사건만 검사에게 송치하고, 이 외의 사건은 경찰이 불송치결정을 할 수 있습니다. 불송치결정을 할 때는 관련 서류, 증거물을 검사에게 송부하고, 검사는 송부된 날로부터 90일 내 이를 경찰에 반환합니다.

만약 검사가 경찰의 불송치결정이 위법 또는 부당하다고 본다면, 재수사를 경찰에 요청할 수 있습니다. 경찰은 검사의 재수사 요청이 있으면 사건을 재수사해야 합니다. 재수사 결과 범죄혐의가 있고, 경찰에서 이를 인정하면 불송치결정을 취소하고 사건을 다시 송치합니다. 반면 재수사 후에도 불송치결정을 유지하는 경우에는 수사 내용과 이유를 적어 검사에게 통보합니다. 이때 원칙적으로 검사는 재수사를 다시 요청하거나 사건 송치를 요구할 수 없지만, 예외적으로 재수사 결과를 통보받은 날부터 30일 내 사건 송치를 요구할 수는 있습니다.

경찰은 고소인, 고발인, 피해자 또는 그 법정대리인에게 사건을 송치하지 않은 취지와 이유를 통지하는데, 통지를 받은 사람은 해당 경찰관이 소속된 관서의 장에게 이의를 신청할 수 있고, 고소인 등의 이의신청이 있으면 경찰은 해당 사건을 지체 없이 검사에게 송치해야 합니다.

피의자를 법정에 보내지 않을 재량권, 불기소처분과 기소유예처분

경찰이 범죄혐의를 인정하여 송치한 사건이라도, 피의자를 법정에 세우는 기소 권한은 여전히 검사에게 있습니다. 검사는 피의자의 범죄혐의가 인정되지 않거나 증거가 불충분한 경우 불기소처분을 합니다. 불기소처분이란 쉽게 말해 기소하지 않는다는 결정입니다.

물론 검사의 수사 결과, 혐의가 인정되고 증거가 충분하면 피의자를 기소할 수 있습니다. 기소 당한 피의자는 형사재판을 받아야 하고, 그 재판의 결과에 따라 형사처벌을 받을 수도 있습니다. 만약 검사가 기소할 수 있음에도 기소하지 않는다면 피의자는 형사재판을 받지 않게 되는데, 이러한 경우는 기소유예처분에 해당한다고 볼 수 있습니다.

경험적으로 보면 사안이 중하지 않은 경우, 피해자와 합의가 이루어지며 처벌을 원하지 않는 경우, 과거 형사처벌을 받은 적 없는 초범인 경우, 피의자가 진심으로 자신의 잘못을 반성하고 있는 경우, 피의자의 가까운 사람들이 피의자에 대한 선처를 적극적으로 탄원하는 경우에는 기소유예의 가능성이 있습니다. 기소유예처분을 할 때는 피의자가 일정한 교육을 받는 것을 조건으로 할 때가 많습니다.

잘못을 인정한다면 형사조정절차를 요청해보세요

범죄혐의를 인정하는 피의자가 피해자에게 용서를 구하고 싶지만 피해자의 연락처를 알지 못하거나 연락처를 알고 있더라도 피해자에 대한 2차 피해가 걱정되어 용서를 구할 수 없는 경우라면 수사기관에 피해자의 의사확인을 요청할 수 있습니다. 사건이 검찰에 송치된 경우에는 담당 검사에게 형사조정절차에 회부해 줄 것을 요청할 수도 있습니다.

성폭력범죄 피해자에게는 피해자국선변호사가 선임되는 경우가 있습니다. 그 경우에는 변호사를 통해 피해자의 의사를 확인할 수 있습니다. 보통 수사기관에서 피해자국선변호사의 연락처는 피의자에게도 알려주는 편입니다.

알아두세요! **증거보전청구(형사소송법 제184조)를 활용하세요**

수사기관은 공권력의 우월적 지위에서 피의자의 범죄혐의를 입증하기 위한 증거를 수집합니다. 증거 보관자에게 제출을 받기도 하고, 필요한 경우 압수수색처럼 강제수사가 동원되기도 합니다. 반면, 피의자는 다른 사람이 보관하고 있는 증거를 수집할 방법이 거의 없습니다. 이때 활용할 수 있는 것이 증거보전청구입니다. 예를 들어 피의자에게 유리한 CCTV 영상이 있다면, 피의자는 그 영상을 보전해 줄 것을 법원에 청구할 수 있습니다. 법원은 영상의 관리자에게 제출을 명하고, 제출된 영상물을 보관합니다. 증거보전청구를 한 피의자는 이후 열람등사신청으로 영상물을 증거로 받을 수 있습니다.

형사재판을 받게 되었어요

재판절차의 시작은 검사의 공소제기로부터

검사가 피의자에 대한 공소를 제기하면, 즉 피의자에 대한 형사재판을 청구하면, 법원은 사건번호(2019고단oooo호 또는 2019고합oooo호)를 부여한 다음 담당재판부를 결정합니다. 단독판사가 재판하는 1심 형사재판은 고단사건이고, 합의부가 재판하는 1심 형사재판은 고합사건입니다. 어느 경우에나, 담당재판부가 정해지면 피고인에게 공소장 부본을 등기우편으로 송달합니다. 공소장에는 피고인의 인적사항과 죄명, 적용법조, 공소사실 등이 기재되어 있습니다.

공판기일에 출석할 수 없는 사정이 있는 경우

공판기일이 결정되면 피고인은 형사재판에 출석해야 합니다. 출석하지 않으면 구속영장이 발부될 수 있습니다. 따라서 공판기일에 출석할 수 없는 사정이 있다면, 반드시 불출석사유서를 제출하는 것이 좋습니다.

법정에서의 진술이 상당히 중요하다

피고인은 법정에서 형사재판을 받으면서 판사를 만나게 됩니다. 판사는 재판을 하면서 피고인에게 공소사실을 인정하는지, 공소사실을 부인한다면 어느 부분을 부인하는지, 부인하는 이유는 무엇인지를 묻기도 합니다. 이때 피고인은 자신의 의견을 잘 설명해야하기 때문에 공소장에 기재된 공소사실 등에 대한 의견을 재판 전에 미리 정리해두면 좋습니다. 또, 재판을 마칠 때는 검사의 구형이 있은 후 피고인이 최후진술을 하게 되는데, 피고인의 입장에서 자신의 의견을 판사에게 이야기할 수 있는 마지막 기회이므로 최후진술도 미리 준비하는 것이 좋습니다. 비록 짧은 시간이기는 하지만, 판사님들은 피고인의 최후진술을 상당히 귀담아 듣는 편입니다.

항소장은 7일 이내에 제출해야 한다

재판을 마치는 단계를 '변론종결'이라고 합니다. 검사의 구형이 있고, 피고인의 최후진술이 있으면, 재판부는 변론을 종결합니다. 그리고 판결선고기일을 지정합니다. 피고인은 판결선고기일에도 출석해야 합니다(다만, 약식명령에 대한 정식재판청구 사건에서는 피고인이 출석하지 않더라도 판결을 선고할 수 있습니다). 불구속 상태에서 재판을 받은 피고인이 판결선고기일에 실형을 선고받게 된다면, 그 자리에서 바로 법정 구속되는 경우가 많습니다. 법정구속이 되면 그날 바로 구치소에 수감됩니다. 이와 반대로, 구속 상태에서 재판을 받은 피고인이 무죄판결을 받거나 집행유예판결 또는 벌금형의 판결을 선고받은 경우에는 그날 석방됩니다.

1심 판결에 불복하려면 판결선고일로부터 7일 이내에 항소장을 제출해야 하는데, 법정 구속된 피고인이라면 구치소에서 교도관에게 항소장을 제출할 수 있습니다. 7일이 경과한 다음에 항소장이 제출되는 때에는 항소로서의 효력이 없습니다.

알아두세요! 징역형의 집행유예기간 중에는 다시 집행유예판결을 받을 수 없어요

징역형의 집행유예판결이란 징역형의 집행을 유예기간 동안 집행하지 않는다는 것으로 그 유예기간이 경과하면 징역형의 집행을 하지 않게 됩니다. 예컨대 징역 1년에 집행유예 2년을 선고한 판결이 확정된 경우, 징역 1년형의 집행을 판결확정시로부터 유예기간인 2년 동안 집행하지 않다가 그 유예기간을 경과하면 아예 집행을 하지 않는 것입니다.

주의할 점은, 집행유예기간 중에 새로운 범죄로 재판을 받게 된 피고인에게는 다시 집행유예판결을 선고할 수 없기 때문에, 그 피고인의 경우에는 실형선고의 가능성이 매우 높다는 것입니다. 그렇기 때문에, 집행유예 기간 중에 있는 사람이 다른 범죄를 범하였을 때에는 구속영장이 청구되는 경우가 많습니다.

더욱이, 집행유예기간이 경과하기 전에 새로운 범죄에 대한 실형 선고 판결이 확정된다면, 그 이전 판결의 집행유예도 취소되므로, 피고인으로서는 새로운 사건에서 확정된 실형과 이전 사건에서 유예되었던 징역형까지 함께 집행되어야 하는 상황에 놓이게 됩니다. 예를 들어, 징역 1년에 집행유예 2년의 확정판결을 받아 집행유예 기간 중에 있는 피고인에게 새로운 범죄사실로 실형 6개월이 선고되어 그 판결이 확정된다면, 피고인은 1년 6개월 동안 수감생활을 해야 합니다.

다만, 새로운 범죄사실에 대한 실형 6개월의 판결이 앞선 사건의 집행유예기간 경과 뒤에 확정되었다면, 집행유예는 취소되지 않기 때문에, 피고인에게는 실형 6개월만 집행됩니다.

남자인데요, 저도 신고해도 되나요?

성범죄의 피해자는 남녀 구분이 없다

가끔 성범죄 피해자는 여성이고, 남자는 피해자가 될 수 없다고 생각하는 분들이 있습니다. 성범죄의 피해자는 남자도, 여자도 될 수 있습니다. 또 여성 피해자에 대한 가해자가 같은 여성일 수도 있고, 남성일 수도 있지요. 남성 피해자에 대한 가해자가 남성일 수도 있고, 여성일 수도 있습니다. 범죄 행위에 남녀 구분은 없으니 피해를 입으셨다면 반드시 신고하시기 바랍니다.

청소년하고 성관계하면 강간인가요?

미성년자와 교제를 하다 성관계에 이르게 되는 성인들이 자신들의 행동이 범죄가 아닌지 걱정하는 경우가 있습니다. 우선, 만 13세 미만과 성관계를 갖는 경우는 폭행이나 협박 없이 성관계가 이루어졌다고 하더라도 강간죄에 해당합니다(형법제305조). 만 13세 미만은 성관념이 제대로 자리 잡은 상태가 아니기 때문에 성관계를 진지하게 이해하고 동의하였다고 볼 수 없기 때문이지요.

그러면 만 13세 이상의 청소년과의 성관계는 문제가 없을까요? 최근 형법 개정으로 2020년 5월 19일부터 만 13세 이상 16세 미만의 미성년자와 성관계를 한 19세 이상의 사람은 강간죄로 처벌됩니다. 아울러, 만13세 이상의 청소년이라 하더라도 제대로 성관계에 대한 이해가 부족한 상태에서 성관계에 이르게 되었다면 '아동에게 음란한 행위를 시키거나 이를 매개하는 행위 또는 아동에게 성적 수치심을 주는 성희롱 등의 성적 학대행위'로 보아 처벌받을 수 있습니다(아동복지법 제17조 제2호). 또한 자유로운 의사로 성관계가 이루어졌더라도 대가가 오갔다면 성매매로 보아 엄하게 처벌받지요. 애초에 미성년자를 만나 죄가 되는 것은 아닌지 불안해하는 것보다는 성년이 된 후에 교제하는 것이 좋습니다.

2020년 5월 19일부터 시행되고 있는 개정 형법은 강간, 유사강간, 준강간, 강간등상해, 미성년자의제강간의 죄를 범할 목적으로 예비 또는 음모한 자를 처벌하는 예비, 음모죄를 신설하였습니다(형법 제305조의3).[1]

1　형법 제305조(미성년자에 대한 간음, 추행)
　　① 13세 미만의 사람에 대하여 간음 또는 추행을 한 자는 제297조, 제297조의2, 제298조, 제301조 또는 제301조의2의 예에 의한다.
　　② 13세 이상 16세 미만의 사람에 대하여 간음 또는 추행을 한 19세 이상의 자는 제297조, 제297조의2, 제298조, 제301조 또는 제301조의2의 예에 의한다.

32 유언장 없이 돌아가셨는데 재산분할은 어떻게 하죠?

33 오빠가 아들이라고 유산을 모두 가져갔어요

34 아버지가 10억 원의 빚을 지고 돌아가셨어요

35 효력 있는 유언장 쓰는 법

36 100만 원을 빌렸는데 1,000만 원이 되었어요

37 친구가 돈을 빌리고 갚지 않아요

38 효력 있는 차용증 쓰는 법

갈등을 막는
돈 거래 & 상속 방법

넷째마당

유언장 없이 돌아가셨는데 재산분할은 어떻게 하죠?

아버지와 10년 전 사별하시고 혼자 지내시던 어머니가 유언 없이 돌아가셨습니다. 어머니의 재산으로는 사시던 시가 1억 원짜리 아파트 한 채와 예금 5,000만 원이 있습니다. 자녀는 성년이 된 딸과 아들이 있습니다. 아들은 2년 전 결혼했는데, 어머니로부터 5,000만 원을 증여받아 신혼집을 마련했습니다. 이 경우, 누가 '상속인'이 되고 상속재산은 어떻게 나눌 수 있을까요?

우리 민법에서는 상속순위를 정하고 있습니다.

상속 1순위는 '직계비속'입니다. 아들, 딸, 손자, 손녀처럼 아래로 내려가는 혈족입니다. 2순위는 직계존속입니다. 아버지, 어머니, 할머니, 할아버지처럼 피상속인 본인에 이르기까지 이어 내려온 혈족이지요. 3순위는 피상속인의 형제자매입니다. 4순위는 4촌 이내 방계혈족입니다. 자신의 형제자매와 형제자매의 직계비속, 직계존속의 형제자매,

그 형제자매의 직계비속을 '방계혈족'이라고 하는데, 4촌 방계혈족까지 상속인으로 정하고 있는 것이지요. 예를 들어, 피상속인(망인)의 친삼촌, 외삼촌, 이모, 고모 등이 3촌 방계혈족이고, 그분들의 자녀가 4촌 방계혈족입니다.

배우자는 직계비속, 직계존속이 상속받는 경우, 이들과 동순위로 상속받습니다. 그리고 직계비속과 직계존속이 없다면, 단독으로 상속받습니다. 그리고 배우자는 공동상속인이 있는 경우, 공동상속인보다 상속비율의 5할을 더 받습니다.

위 예에서는 상속 1순위인 직계비속 아들, 딸이 있네요. 이들이 피상속인의 공동상속인입니다.

협의분할

공동상속권자인 아들, 딸 사이에 어머니의 유산을 어떻게 나눌지 협의된다면, 문제될 것이 없습니다. 협의인 만큼 자유로운 형식으로 분할할 수 있습니다. 아들은 이미 결혼했기 때문에 현금 5,000만 원만 받고, 딸이 아파트를 받기로 합의 했다고 가정해보겠습니다. 이러한 내용을 적은 상속재산분할협의서를 작성합니다. 정해진 양식은 없지만, 각 상속인의 인적사항을 적고 인감도장을 날인하고 인감증명서를 첨부해야 합니다. 이러한 상속재산분할 협의는 반드시 공동상속인 전원이 합의해야 합니다.

상속재산분할심판청구

아들이 자신이 장남이니 어머니의 재산을 더 많이 가져가겠다고 주장하고, 딸도 양보하고 싶지 않다면 가정법원에 상속재산을 법에 정한 대로 분할해달라고 요청하는 수밖에 없겠지요. 가정법원은 조정을 거친 후, 조정이 불성립되면 분할절차로 넘어가 판단합니다. 민법의 판단기준에 따라 계산해보겠습니다.

분할의 대상이 되는 상속재산은 어머니가 남긴 시가 1억 원의 아파트와 현금 5,000만 원일까요? 아니면 앞서 오빠가 신혼집을 마련하느라 어머니로부터 받았던 5,000만 원까지 상속재산에 포함시켜야 할까요? 이것이 특별수익자의 문제입니다(민법 제1008조). 만일, 오빠가 어머님의 생전에 받은 5,000만 원이 특별수익에 해당한다면, 어머니가 남긴 1억 5,000만 원과 특별수익 5,000만 원을 합한 2억 원이 간주상속재산이 됩니다. 여기에 공동상속인의 법정상속분(1/2)을 곱하여 각 법정상속분액을 산출하면 '오빠: 1억 원(=2억 원×1/2)'이 되는데, 오빠는 이미 5,000만 원의 특별수익이 있으므로, 법정상속분액에서 부족한 부분인 5,000만 원을 최종적으로 상속하고, 나머지 상속액 1억 원은 동생이 상속하게 됩니다.[1] 한편, 앞의 사례에서, 만일 오빠의 특별수익이 3억 원이라면, 간주상속재산은 4억 5,000만 원(어머니가 남긴 1억 5,000만 원+특별수익 3억 원)이 될 것이고, 여기에 공동상속인의 법정상속분에 따라 법정상속

---

1 특별수익자가 있는 경우의 법리 및 구체적인 상속분액 계산 방법에 관해서는 대법원 2016. 5. 4.자 2014스122결정 및 서울고등법원 2013브127결정을 참고할 수 있습니다.

분액을 산출하면 '오빠: 2억 2,500만 원(=4억 5,000만 원×1/2)'이므로 오빠의 특별수익이 법정상속분을 초과하게 됩니다. 하지만 초과특별수익자가 초과특별수익을 반환할 의무는 없습니다. 대신 초과특별수익자는 실제 상속재산에 대하여는 아무런 지분도 가지지 못하므로 어머니가 남기신 1억 5,000만 원은 모두 동생이 상속받게 됩니다. 그러나 앞의 두 가지 사례에서 오빠가 특별수익자에 해당하지 않는다면, 어머니가 남긴 1억 5,000만 원의 상속재산은 오빠와 동생이 법정상속분에 따라 공동상속을 하게 됩니다.

이처럼 공동상속인 중 피상속인으로부터 미리 증여를 받거나 유증을 받은 상속인이 있는 경우, 그 받은 재산(수증재산)이 특별수익에 해당하는지 여부에 따라 상속분 내지 상속분액이 달라집니다. 이와 관련하여 대법원은 "어떠한 생전 증여가 특별수익에 해당하지는 피상속인의 생전의 자산, 수입, 생활수준, 가정상황 등을 참작하고 공동상속인들 사이의 형평을 고려하여 당해 생전 증여가 장차 상속인으로 될 자에게 돌아갈 상속재산 중 그의 몫의 일부를 미리 주는 것이라고 볼 수 있는지에 의하여 결정하여야 한다'고 판시하고 있습니다(대법원 1998. 12. 8. 선고 97므513,520,97스12판결).

오빠가 아들이라고
유산을 모두 가져갔어요

간단한 사례를 들어보겠습니다. 오빠가 아버지가 돌아가시기 직전 아버지를 설득해 아버지의 전 재산인 현금 9,000만 원을 증여받았습니다. 이 사실을 아버지가 돌아가시고 나서야 어머니와 여동생 2명이 알게 되었습니다. 어머니와 여동생들은 오빠에게 재산을 양보해야 하는 걸까요?

아버지, 즉 피상속인의 재산은 아버지 의사에 따라 자유롭게 처분한 것입니다. 하지만 배우자인 어머니에게도 권리가 있는데, 한마디 의논도 없이 아들에게 모두 주어버리면 당장의 생계도 막막하고 억울한 부분이 있을 수 있습니다. 우리 민법은 상속인에게 '유류분권'을 부여하여 일부나마 상속받을 수 있는 방안을 마련해두고 있습니다. 즉, 어머니와 여동생은 오빠를 상대로 유류분권을 주장할 수 있습니다. 오빠는 초과특별수익을 반환할 의무는 없지만, 다른 공동상속인들(어머니와 여동생)에게 유류분을 반환할 의무는 있습니다.

앞의 '유언장 없이 돌아가셨는데 재산분할은 어떻게 하죠?'에서 상속권자와 법정상속분을 설명드렸죠? 그런데 상속권과 유류분권은 다른 개념입니다. 예를 들어, 3촌, 4촌 방계혈족은 4순위 상속순위자로 1순위, 2순위, 3순위 상속권자가 없을 경우, 상속권자가 될 수 있습니다. 하지만 유류분청구권은 없습니다. 예를 들어, 외동으로 태어나 어머니, 아버지가 돌아가시고 미혼으로 살다 죽은 피상속인이 유언으로 공익재단에 전 재산을 증여한다고 해서 피상속인의 고모, 외삼촌 등이 최소한의 내 상속분을 달라고 할 수 없다는 것이지요.

위 사례에서 어머니와 오빠, 여동생 2명의 법정상속분을 계산해볼게요. 오빠, 여동생 2명이 각 1씩, 어머니가 5할을 더 받아 1.5의 비율로 나눕니다. 1.5:1:1:1인 것이지요. 유류분은 이러한 법정상속분의 절반입니다(직계존속과 형제자매는 법정상속분의 3분의 1). 즉, 어머니의 유류분은 9,000만 원 × 3/9 × 1/2 = 1,500만 원, 여동생 둘의 유류분은 9,000만 원 × 2/9 × 1/2 = 1,000만 원씩입니다.

어머니와 여동생 둘은 오빠에게 유류분을 주장하여 각 금액을 받을 수 있겠네요.

아버지가 10억 원의 빚을 지고 돌아가셨어요

사업을 하시던 아버지가 남기신 재산은 시가 11억 원짜리 아파트입니다. 그런데 생전 채권자들로부터 빌린 금액은 무려 10억 원에 이른다고 합니다. 앞으로 더 채무가 생길지 알 수 없는 상황입니다. 남은 어머니와 자녀들은 어떻게 해야 할까요? 이번에는 상속포기, 한정승인, 단순승인에 관해 알아보겠습니다.

단순승인

상속은 사망으로 개시됩니다. 그리고 상속인들은 상속이 개시되었음을 안 날로부터 3개월 내에 상속포기, 한정승인, 단순승인 중 하나를 선택해야 합니다. 아무런 선택도 하지 않는 경우에는 단순승인을 한 것으로 봅니다. 그리고 상속인이 상속재산을 처분해버리거나, 한정승인이나 상속포기를 한 후에 고의로 상속재산을 은닉하거나, 부정소비하거나, 고의로 재산목록에 기입하지 않은 경우에도 단순승인으로 봅니다.

단순승인을 하면 피상속인의 권리와 의무를 모두 상속받습니다. 재산도 상속받지만, 채무도 상속되기 때문에 상속인은 피상속인의 채권자에게 채무를 변제할 책임이 있습니다.

상속포기

피상속인의 권리와 의무를 상속받지 않겠다고 하는 것이 '상속포기'입니다. 당연히 피상속인의 채권자에게 채무를 변제할 책임이 없습니다. 다만, 상속포기는 상속순위의 사람들이 모두 하는 것이 좋습니다. 1순위 상속인이 상속포기를 하면, 다음 2순위 상속인에게 순위가 가기 때문이지요. 피상속인과 촌수가 먼 상속순위자는 자신이 상속받을 것을 예상하기 어렵기 때문에 의도하지 않게 단순승인을 하게 될 위험이 있습니다. 선순위 상속인이 상속포기를 할 때는 후순위 상속인들에게도 알리는 것이 좋습니다.

한정승인

상속받은 재산 내에서 변제책임을 갖는 것입니다. 상속인은 상속받은 재산 내에서만 변제하면 되고, 채무액이 상속재산을 초과하는 경우에는 변제책임이 없습니다.

위 사례에서는 어떤 것을 선택하는 것이 좋을까요? 상속을 포기하자니 1억 원의 재산이 있고, 단순승인을 하자니 추가로 채권자가 나타나진 않을까 걱정됩니다. 상속포기처럼 자주 연락하지 않는 친척에게 불이익을 줄 수도 없고, 상속받은 재산 내에서 변제하는 한정승인이 적절해 보이네요. 그 대신 한정승인은 알고 있는 상속재산목록을 빠짐없이 기재하여 신고해야 한다는 점에 주의하세요!

상속포기해도 사망보험금은 받을 수 있다

보험을 계약하고 돈을 불입하는 사람을 '보험계약자', 보험금 지급 의무를 지는 자를 '보험자(보통 보험회사)', 보험에서 대상이 되는 사람을 '피보험자', 보험금을 받는 사람을 '수익자'라고 합니다. 남편이 생명보험의 보험계약자가 되고, 남편 본인을 피보험자, 수익자를 법정상속인으로 정했다고 가정해보겠습니다. 남편이 사망했는데 채무가 재산보다 많아 아내가 상속을 포기하면 피보험자인 남편의 사망으로 받는 사망보험금도 받을 수 없을까요? 받을 수 있습니다. 우리 법원은 보험수익자의 지위에서 보험자에 대하여 갖는 보험금지급청구권은 상속재산이 아니라 상속인의 고유재산이기 때문에 상속포기와 관계없이 보험자에게 보험금지급청구를 할 수 있다고 보고 있지요. 그런데 아이러니한 것은 고유재산을 받는 것임에도 사망보험금에 상속세가 부과됩니다.

'상속세 및 증여세법'

제8조 ① 피상속인의 사망으로 인하여 받는 생명보험 또는 손해보

험의 보험금으로서 피상속인이 보험계약자인 보험계약에 의하여 받는 것은 상속재산으로 본다.

② 보험계약자가 피상속인이 아닌 경우에도 피상속인이 실질적으로 보험료를 납부하였을 때에는 피상속인을 보험계약자로 보아 제1항을 적용한다.

망인을 '피상속인', 상속받는 사람을 '상속인'이라 합니다. 그러니까 망인의 사망으로 받는 사망보험금을 '상속세 및 증여세법'에서만큼은 상속재산으로 보고 상속세를 부과하는 것이지요. 왜일까요? 월 보험금을 500만 원씩 낸다고 생각해보세요. 사망보험금이 어마어마할 겁니다. 그런 사망보험금을 상속인이 받고 상속세를 내지 않는다면 조세정의에 반하고, 상속의 방법으로 악용될 가능성이 큽니다. 그래서 법으로 상속세를 납부하도록 하고 있는 것이지요. 그리고 보험계약자가 망인이 아니어도 보험금을 실질적으로 납부한 사람이 망인이면, 이 역시 상속재산으로 보고 상속세를 부과합니다.

그리고 사망보험금을 수령하면, 그 범위에서 망인의 납세의무도 승계됩니다.

'국세기본법'

제24조(상속으로 인한 납세의무의 승계) ① 상속이 개시된 때에 그 상속인「민법」제1000조, 제1001조, 제1003조 및 제1004조에 따른 상속인을 말하고,「상속세 및 증여세법」제3조 제1항 본문에 따른 수유자(受遺

耆)를 포함한다. 이하 이 조에서 같다] 또는 「민법」 제1053조에 규정된 상속재산관리인은 피상속인에게 부과되거나 그 피상속인이 납부할 국세·가산금과 체납처분비를 상속으로 받은 재산의 한도에서 납부할 의무를 진다. 〈개정 2014. 12. 23.〉

② 제1항에 따른 납세의무 승계를 피하면서 재산을 상속받기 위하여 피상속인이 상속인을 수익자로 하는 보험계약을 체결하고, 상속인은 「민법」 제1019조 제1항에 따라 상속을 포기한 것으로 인정되는 경우로서 상속포기자가 피상속인의 사망으로 인하여 보험금(「상속세 및 증여세법」 제8조에 따른 보험금을 말한다)을 받는 때에는 상속포기자를 상속인으로 보고, 보험금을 상속받은 재산으로 보아 제1항을 적용한다. 〈신설 2014. 12. 23.〉

그러니까 망인의 재산을 상속받은 경우는 물론이고, 상속을 포기한 경우라도 사망보험금을 받았다면, 그 받은 보험금 내에서 망인의 세금을 납부하도록 정하고 있습니다.[1] 채무는 피하면서 보험금에 따른 수익만 받는 경우라도 국가에 대한 납세의무는 이행되어야 한다는 국가의 강한 의지가 느껴지네요.

---

[1] 참고로, 대법원 2013. 5. 23. 선고 2013두49986호 판결이 있은 후에, 국세기본법 개정으로 제24조 제2항이 신설됨으로써 사망보험금을 수령하면 그 범위에서 망인의 납세의무도 승계하도록 한 것입니다.

효력 있는
유언장 쓰는 법

유언은 생전에 하는 것이지만, 유언자가 사망한 때부터 효력이 생깁니다. 망인의 유언이 있더라도 방식에서부터 내용과 관련한 분쟁이 많이 발생합니다. 민법은 유언의 방식을 자필증서 유언, 녹음 유언, 공정증서 유언, 비밀증서 유언, 구수증서 유언으로 정해두고, 법에서 정한 방식을 지키지 않은 유언을 효력이 없는 것으로 보고 있습니다.

자필증서에 의한 유언

유언자가 자필로 유언장을 작성하는 것입니다. 내용을 적은 후 작성 연월일, 주소, 성명을 적고, 날인(도장 또는 무인)해야 합니다. 이 모든 것을 자필로 작성해야 하고, 내용을 수정할 때는 자필로 적고, 날인해야 합니다. 내용은 타자로 치고 자필로 성명을 쓰는 것은 허용되지 않습니다.

녹음에 의한 유언

유언자가 직접 자신의 목소리로 유언하고, 이를 녹음하는 방식입니다. 녹음 유언은 증인 1명이 필요합니다. 유언자가 유언의 취지, 그 성명과 연월일을 구술한 후, 증인이 유언이 정확하다는 내용과 자신의 성명을 녹음합니다.

공정증서에 의한 유언

공증인에게 유언 내용을 이야기하고, 공증인이 유언장을 작성해주는 방식입니다. 공정증서에 의한 유언은 증인 2명이 필요합니다. 유언자가 증인 2인이 참여한 공증인 앞에서 유언 내용을 말하고, 공증인이 이를 받아 적습니다. 그 후 받아 적은 내용을 유언자와 증인 앞에서 읽고, 유언자와 증인 2명이 그 정확함을 승인하고, 각자 서명 또는 기명날인합니다.

비밀증서에 의한 유언

유언의 내용을 유언자만 알고 다른 사람은 유언자의 사망 후에 알게 되는 비밀증서에 의한 유언입니다. 비밀증서에 의한 유언도 증인 2명이 필요합니다. 유언자가 필자의 성명을 기입한 증서를 넣고 밀봉합니다. 그리고 밀봉한 부분에 도장을 찍고, 이를 2인 이상의 증인에게 제출하여 자기의 유언서임을 확인시킵니다. 그 후 밀봉한 증서의 표면에 제출연월일을 기재하고, 유언자와 증인이 각자 서명 또는 기명날인합니다.

그 표면에 기재된 날로부터 5일 내에 공증인 또는 법원서기에게 제출하여 그 봉인한 부분에 확정일자인을 받습니다.

구수증서에 의한 유언

구수증서에 의한 유언은 질병 기타 급박한 사유로 인하여 위 네 가지 방식에 의할 수 없는 경우에 한해 가능합니다. 충분히 자필 유언 등으로 유언할 수 있는데도 구수증서에 의한 유언을 하면 무효입니다. 2명 이상의 증인이 필요합니다. 유언자가 2명 이상의 증인의 참여로 그 1명에게 유언의 취지를 구수하고, 그 구수를 받은 자가 이를 필기 낭독하여 유언자의 증인이 그 정확함을 승인한 후, 각자 서명 또는 기명날인합니다. 이렇게 작성한 유언은 그 증인 또는 이해관계인이 급박한 사유가 종료된 날로부터 7일 내에 법원에 그 검인을 신청해야 합니다.

단, 주의할 점은 증인이 될 수 없는 사람을 증인으로 세워서는 안 된다는 것입니다. 다시 말해서 미성년자, 피성년후견인, 피한정후견인, 유언으로 이익을 받을 사람, 그의 배우자, 직계혈족은 증인이 될 수 없습니다.

공정증서의 유언에는 공증인법에 따른 결격자는 증인이 될 수 없는데, 미성년자, 시각장애인이거나 문자를 해득하지 못하는 사람, 서명할 수 없는 사람, 촉탁사항에 관하여 이해관계가 있는 사람, 촉탁사항에 관하여 대리인 또는 보조인이거나 대리인 또는 보조인이었던 사람, 공증인의 친족, 피고용인 또는 동거인, 공증인의 보조자가 이에 해당합니다.

유언자는 언제든지 유언 또는 생전행위로써 유언의 전부나 일부를 철회할 수 있습니다. 전후의 유언이 저촉되거나 유언 후의 생전행위가 유언과 저촉되는 경우에는 그 저촉된 부분의 전유언은 이를 철회한 것으로 봅니다. 예를 들어, 유언자가 자신이 소유하는 특정 부동산을 장남이 상속한다고 유언을 하였더라도 생전처분행위로써 그 부동산을 장녀에게 증여하였다면, 그 전의 유언은 철회한 것으로 보는 것입니다.

100만 원을 빌렸는데
1,000만 원이 되었어요

36

마포구에 사는 주부 A, 딸이 힘든 고등학교 생활을 마치고 당당히 대학교에 합격했습니다. 그런데 기쁨도 잠시 입학금이 500만 원이나 되네요. 이리저리 카드로 현금서비스를 받아 모았는데, 100만 원이 부족합니다. 고민을 하고 있는데 갑자기 문자가 옵니다.

'머니머니 팀장입니다. 주부신용대출 이자 월 10%'

A는 바로 전화해 100만 원을 빌리고 1년 후 원리금을 갚기로 했습니다. 그리고 1년이 지났는데 갚으라는 연락이 안 오네요? 먹고살기 바빠 잊어버리고 있었는데, 몇 년 후 그간의 원금, 이자, 지연손해금까지 1,000만 원을 갚으라는 독촉장이 옵니다.

과도한 이자, 법이 막아주리

금융감독원 자료에 따르면 2016년 말 가계부채가 1,300조 원을 돌파했다고 합니다. 날이 갈수록 가계경제 상황이 악화되고 있다는 지표이기도 하고, 경기를 활성화시키기 위해 대출조건을 완화하고, 저금리로 돈을 빌려주던 과거의 정책들도 한몫하고 있다고 볼 수 있겠네요.

하지만 신용이 나쁘면 시중은행에게 대출받는 것도 녹록지 않습니다. 생계를 위한 돈은 필요한데, 시중은행에서 빌려주지 않으면 제2, 3금융권에 고율의 이자를 내고서라도 돈을 빌릴 수밖에 없겠지요. 하지만 고율의 이자를 내야 한다면, 가계상황이 나아질 리 없습니다. 매달 버는 돈으로 이자만 내다 끝나는 악순환의 반복이지요. 이렇게 과도한 이자를 막기 위해 법에서 이자의 상한선을 정해두고 있습니다.

대부업은 합법일까?

개인 간에 금전대여와 미등록 대부업체(대개 사채업자)에 대해서는 '이자제한법', 대부업체에 대해서는 '대부업 등의 등록 및 금융이용자 보호에 관한 법률'(줄여서 '대부업법'이라고 합니다)이 적용됩니다. 각 법률에서 대통령령으로 최고이자율을 정하고 있지요.

대부업을 하는 업체나 사람은 반드시 '대부업법'에서 정한 절차에 따라 대부업 등록을 해야 합니다. 여기서 '대부업'이란, '금전의 대부(어음할인·양도담보, 그 밖에 이와 비슷한 방법을 통한 금전의 교부)를 '업'으로 하거나 '등록된 대부업자', '여신금융기관'으로부터 대부계약에 따른 채권을 양도받아 추심하는 것을 업으로 하는 것을 말합니다. 사업자가 종업원에게 대부하는 경우나 노조에서 구성원에게 대부하는 경우는 '대부업'으로 보지 않습니다. 정식으로 등록하고 이자소득도 신고해야 국가가 세금을 제대로 걷을 수 있겠죠? 이렇게 실질적으로 대부업을 하면서도 등록하지 않으면 처벌됩니다.

'이자제한법'은 원래 1962년부터 존재하고 있었습니다. 그러다 IMF가 터지고 1998년에 IMF의 권고로 폐지되었다가 2007년부터 다시 시행되었지요. 2017. 11. 7.에 개정되어 2018. 2. 8.부터 시행된 '이자제한법 제2조 제1항의 최고이자율에 대한 규정'에 따라, 개인과 미등록 대부업체로부터 금전대여 시 최고이자율은 2019. 6. 기준으로 연 24%입니다. 또한 등록된 대부업체의 최고이자율 역시 차츰 낮아져 현재는 이자제한법과 동일한 연 24%입니다.

이런 최고이자율을 초과한 이자약정은 무효일 뿐만 아니라 채무자가 이미 최고이자율을 넘어 돈을 변제했다면 초과된 돈에 대한 반환을 청구할 수 있습니다. 게다가 처벌도 받지요. 개인거래 시 '이자제한법'에 따라 1년 이하의 징역 또는 1,000만 원 이하의 벌금, '대부업법'에 따라 3년 이하의 징역 또는 3,000만 원 이하의 벌금에 처해집니다.

자, 주부 A는 어떻게 대처해야 할까요? 먼저 '머니머니'가 등록된 대부업체인지 확인해야 합니다. 등록된 대부업체가 아니라면 돈을 빌릴 당시의 이자제한법(시행령 포함), 등록된 대부업체라면 대부업법(시행령 포함)을 확인해야 합니다. 월 10%라면 이자율이 연 120%에 달하네요! 약정 당시 법에서 정하고 있는 최고이자율을 초과한 이자는 내지 않아도 됩니다. 즉, 원금과 최고이자율에 해당하는 이자를 계산하여 변제하면 됩니다.

이자소득을 최대한 얻으려고 몇 년을 기다렸다가 소멸시효가 완성되기 직전에 변제를 요청하는 대부업체들이 많습니다. 돈을 빌린 건 맞지만, 갚으란 말을 하지 않아서 채무가 눈덩이처럼 불어났다며 울상짓는 경우들을 자주 봅니다. 하지만 변제는 약속한 기일에 빌린 사람이 알아서 변제하셔야 합니다. "왜 그동안 갚으라고 하지 않았나, 억울하다!"라고 하지 말고, 내가 변제해야 할 돈은 스스로 관리하세요!

친구가
돈을 빌리고 갚지 않아요

사회에서 만나 친구가 된 A와 B는 서로 성격이 잘 맞아 막역하게 지내는 사이입니다. 하루는 B가 A에게 전화해 카드값을 급하게 막아야 한다며 100만 원을 빌려달라고 합니다. 울먹이는 B를 보니 모른 척할 수 없어 100만 원을 B의 통장계좌로 보내주었습니다. 그런데 몇 달이 지나도 B가 갚는다는 이야기를 하지 않고 전화도 피합니다. A가 참다못해 문자로 돈 좀 갚아달라고 하자, 한 달 있다가 갚겠다는 짧은 문자만 왔습니다. 그런데 한 달 후에도 돈 갚겠다는 말이 없어 B에게 전화를 했더니 B가 갑자기 자기가 왜 갚아야 하느냐며 딴소리를 합니다.

개인 간 돈거래, 돈까지 잃기 싫으면 차용증을 써라

우리가 돈을 빌려주는 걸 흔히 '대여', '금전소비대차', '차용'이라고 합니다. 돈을 빌려주는 사람은 '대주', '채권자'라 하고, 빌리는 사람은 '차주', '채무자'라 하지요. 이런 '금전소비대차'로 사이가 틀어지는 경우들을 많이 봅니다. 몇 번 돈을 빌려주고 문제 없이 원금과 이자를 받은 경험이 있어 액수가 점점 커졌는데, 갚지 않아 사기로 고소하는 일들이 비일비재하지요. 갚더라도 여러 번 돈거래가 오갔던 경우에는 갚은 돈이 이자인지, 원금인지 구분하는 것도 쉽지 않습니다. 빌린 사람은 전에 빌린 원금을 갚은 거라고 주장하고, 빌려준 사람은 이번에 새로 빌려준 이자를 받은 거라고 주장하니까요. 그나마 통장에 돈이 오간 내역이 있다면 빌려주었다는 주장이라도 할 수 있지만, 돈이 오간 내역마저 없다면 빌린 사람이 빌린 사실이 없다고 잡아떼는 경우, 입증하기가 상당히 어렵습니다. 보통 가족 이외의 사람에게 지급된 돈은 대여로 인정되어 당연히 받을 수 있다고 생각하는 분들이 많은데, 그렇게 간단한 문제가 아닙니다. 친구, 애인, 친척들한테 돈을 '증여'하는 경우도 있기 때문에 법원이 남한테 돈을 주었다고 해서 무조건 '대여'로 인정하는 것은 아닙니다. 그러니 친구나 친척에게 빌려주는 돈이라도 반드시 차용증을 써야 합니다(효력 있는 차용증 쓰는 방법은 다음 장에서 설명할게요).

차용증이 없는 경우

차용증이 없다면 '대여'로 인정받을 수 없을까요? 법원도 가까운 사이에 대부분 차용증을 작성하지 않는다는 점을 고려하기 때문에 여러 가지 사정을 살펴봅니다. 그렇다면 '대여'로 인정받기에 유리한 사정에는 어떤 게 있을까요? 만약, 처음 돈을 빌려달라는 이야기를 꺼낼 때 오간 대화의 녹음이나 주고받은 문자내역이 있다면 좋겠지요. 그리고 매월 일정하게 '이자'를 지급한 내역이 있다면 유리합니다. 또는 '언제까지 갚겠다'는 대화 내용을 녹음해두거나 문자를 받아두는 것도 좋습니다. 이러한 여러 가지 입증자료들을 갖고 있

다면, 빌린 사람이 '증여받은 돈'이라며 딱 잡아떼도 '대여'로 인정될 가능성 이 크겠지요. 그러니 가까운 사이에 차용증을 부탁하는 게 어려워 작성하 지 않고 빌려주었다면, 적어도 상대 방에게 돈을 빌려준 사실과 관련된 증거자료는 잘 보존해두는 것이 좋습 니다.

소멸시효, 권리 위에 잠자는 자 보호받지 못한다

대학생인 A가 동기 B한테 100만 원을 빌렸다고 가정해볼게요. 그 러다 B가 휴학을 하고, A도 군대를 가면서 연락이 끊겨 잊고 지내고 있 었는데, 50대가 되어서 B가 A를 수소문해 찾아와 30년 전 A가 빌린 돈이 랑 그동안의 이자를 지급하라고 합니다. 5% 이율로 30년 동안의 이자를 계산해도 원금보다 많은 150만 원입니다. 이렇게 오랜 시간이 지나서 권 리를 행사하려고 하면 A의 입장에서는 생각지도 못했던 채무가 눈처럼 불어나 상당한 부담이 될 수밖에 없습니다. 법적안정성이 훼손될 수 있 는 것이지요. 그래서 법은 기한을 정해두고 그 기한 동안 아무런 권리를 행사하지 않으면 그 권리가 소멸되도록 정하고 있습니다. 우리 법에서

일반적인 민사채권(개인 간 대여금 채권)의 소멸시효는 통상 10년입니다. 상행위(거래 당사자 중 한 명만 상인이어도 상행위입니다)로 인한 채권은 통상 5년이지요(예를 들어, 은행 대출금채권의 소멸시효는 변제기로부터 5년입니다). 그리고 불법행위로 인한 손해배상 채권은 손해사실이나 가해자를 아는 경우 3년(예를 들어, 폭행으로 인한 치료비청구채권), 그 밖의 경우 10년입니다. 이러한 기간은 통상의 경우이고, 개별적인 채권의 성격에 따라 예외가 많기 때문에 잘 확인하셔야 합니다. 일상생활과 밀접한 채권들의 소멸시효 기간을 정리하면 다음과 같습니다.

- 소멸시효 10년: 민사대여금 채권, 대여금에 대한 지연손해금, 판결·조정 등 판결과 동일한 효력의 확정된 채권, 파산 절차에 의해 확정된 채권, 채무불이행으로 인한 손해배상청구권
- 소멸시효 5년: 상사채권, 신용카드 대금채권, 보험사의 구상금채권, 은행의 대출금채권, 은행의 대출금채권에 대한 지연손해금
- 소멸시효 3년: 물품대금채권, 공사대금채권, 이자, 부양료, 급료, 월세, 변호사·변리사·공증인·공인회계사·법무사 직무에 관한 채권, 의사·간호사·약사의 치료, 근로, 조제에 관한 채권, 불법행위로 인한 손해배상청구권(손해 및 가해자를 안 날로부터)
- 소멸시효 1년: 숙박료, 음식료, 입장료, 의복 등 동산의 사용료채권, 학생 및 수업자의 교육에 관한 채권

위 사례의 A와 B는 개인 간의 금전대여로, 소멸시효가 10년입니

다. 그리고 시효는 B가 변제하기로 한 다음날부터 진행됩니다. A가 10년이 지난 후에 B에게 돈을 받겠다고 소송을 하면 B는 '소멸시효가 도과되었다'는 소멸시효완성의 항변을 할 수 있으니 그 전에 서둘러야 합니다.

효력 있는 차용증 쓰는 법

기본사항 – 인적사항, 대여금액, 변제시기, 이자약정

누가 빌려주고 누가 빌리는지 인적사항은 반드시 적어야겠죠? 빌려주는 금액을 명시하고, 언제 갚을지를 기재합니다. 그리고 이자를 약정한다면 월 또는 연 단위로 지급할 이자금액과 지급시기를 적습니다.

지연손해금

채권자한테 100만 원을 빌린 채무자의 의무가 뭘까요? 매월 말일, 그러니까 2019. 1. 31.에 1만 원, 2019. 2. 28.에 1만 원, 2019. 3. 31.에 1만 원…. 이렇게 2021. 12. 31.까지 매월 1만 원을 내고, 2022. 1. 1. 차용금 100만 원을 갚는 것입니다. 그런데 2019. 1. 31.에 이자 1만 원을 내고, 2019. 2. 28.에 이자 1만 원을 내지 않는다면? 채권자의 입장에서는 2019. 2. 28.에 1만 원을 받기로 약속했는데 받지 못해서 손해가 나는 것

금전소비대차 계약서

채권자   김감독(690504-1234567)

            서울 마포구 월드컵로 10길

            연락처: 010-1234-5678

채무자   이감독(701222-1234567)

            서울 서초구 서초동 서초중앙로

            연락처: 010-2345-6789

1. 채무자는 2019. 1. 1. 금 100만 원을 채권자로부터 차용하였다.

2. 채무자는 위 차용금 100만 원을 2022. 1. 1. 채권자에게 갚기로 한다.

3. 채무자는 위 차용금에 대한 이자로 2019. 1. 1.부터 2022. 1. 1.까지 매월 말일 1만 원씩을 채권자 명의의 ○○은행계좌(계좌 번호: ○○○-○○○-○○○○○○, 예금주: 김감독)로 지급하기로 한다.

4. 채무자가 2020. 1. 1. 채권자에게 위 차용금을 갚지 못하면, 채무자는 그 다음날부터 완제일까지 미지급 원금에 대하여 연 24% 비율로 계산한 돈을 가산하여 지급한다.

5. 만약, 채무자가 매월 말일 지급해야 할 이자의 지급을 2회 이상 지체한 때에는 기한의 이익을 상실하고, 그 다음날부터 완제일까지 미지급 원금에 대하여 연 24%의 비율로 계산한 돈을 가산하여 지급한다.

2019. 1. 1.

채권자 김감독 (인)

채무자 이감독 (인)

이지요. 이 경우 '지연손해금'이 발생하는데, 이를 '연체손해금' 또는 '연체이자'라고도 합니다.

기한의 이익 상실

'기한의 이익'은 생소한 단어지만, 단어에서 대충 감이 오시죠? 기한을 가짐으로써 얻게 되는 이익을 말합니다. 예를 들어, 채무자가 채권자로부터 돈을 빌렸는데, 채권자가 요구할 때에는 언제든 돈을 갚아야 한다면 참 불안할 겁니다. 돈이 없으니 돈을 갖고 이리저리 계획성 있게 사용하려는 것인데 말이죠. 반대로 돈을 빌리면서 1년 후에 갚기로 하면, 그동안 돈을 계획 있게 사용하고 변제할 돈을 마련할 시간을 가질 수 있으니 기한을 갖는 게 이익인 것이죠. 이러한 '기한의 이익'은 포기가 가능합니다. 그러니까 채무자가 1년 후 변제하기로 약속했더라도 6개월만에 갚아도 된다는 것이지요. 그런데 우리 민법은 '기한의 이익'을 포기할 때 상대방의 이익을 해하면 안 된다고 규정하고 있습니다.[1] 채권자는 1년 동안 매월 이자를 받을 생각을 했는데 6개월만에 갚아버리면 남은 6개월 동안의 이자를 못 받게 되겠지요? 그러니까 이러한 경우 받지 못하는 이자 상당의 손해를 배상해야 한다는 겁니다. 금융기관에서 대출을 받고 변제기보다 앞서 갚으면 '중도상환수수료'를 받는 것도 같은 이유입니다.

우리 민법에서는 '기한의 이익이 상실'되는 사유들을 정하고 있습니

---

[1] 민법 제153조(기한의 이익과 그 포기)

　　① 기한은 채무자의 이익을 위한 것으로 추정한다.

　　② 기한의 이익은 이를 포기할 수 있다. 그러나 상대방의 이익을 해하지 못한다.

다.[2] 민법에서 정한 사유에 해당하거나 위 사례처럼 채권자와 채무자가 차용증에 서로 약정한 대로 2회 이상 이자지급을 이행하지 못하면, 기한의 이익을 상실합니다. 채권자가 "너 안 되겠어. 돈 바로 갚아"라고 하면 갚아야 한다는 것이죠.

---

2 민법 제383조(기한의 이익 상실) 채무자는 다음 각 호의 경우에 기한의 이익을 주장하지 못한다.
   1. 채무자가 담보를 손상, 감소 또는 멸실하게 한 때
   2. 채무자가 담보제공의 의무를 이행하지 아니한 때

39 갑자기 내일부터 회사에 나오지 말래요

40 사장님이 월급을 주지 않아요

41 상사가 저를 왕따시켜요

42 사무실에서 짐을 옮기다가 허리를 다쳤어요

월급쟁이라면 꼭 알아야 할 근로법률

5

Common Sense Dictionary of Everyday Law

갑자기 내일부터
회사에 나오지 말래요

39

생명과도 같은 근로의 소중함

취업이 하늘의 별따기인 요즘, '회사가 나가라고
하면 다른 회사로 가면 되지!'라고 쉽게 이야기할 수
없는 세상입니다. 대학교를 갓 졸업한 청년들도
일자리가 없는 마당에 몇십 년 동안 한 분
야의 업무에 익숙한 근로자가 다니던 회
사를 나와 금세 유사한 업무를 담당할 수 있는
자리에 취직할 가능성은 극히 적습니다. 그야
말로 '직장=생계'이기 때문에 우리 법도 회사
가 근로자를 함부로 해고할 수 없도록 보호하
고 있습니다.

정당한 이유 없이 해고할 수 없다!

가. 취업규칙에 따른 해고

- 근로자: 임금을 목적으로 사업이나 사업장에 근로를 제공하는 자
- 사용자: 사업주 또는 사업 경영 담당자, 그 밖에 근로자에 관한 사항에 대해 사업주를 위해 행위를 하는 자

회사가 나를 해고한다면 합리적인 이유가 있어야 합니다. 해고사유는 취업규칙이나 단체협약에 규정되어 있습니다. 취업규칙이란, 근로계약관계에 적용되는 근로조건이나 규율 등에 관하여 사용자가 일방적으로 작성하여 근로자들에게 공통적으로 적용하는 규칙입니다. 상시 10명 이상의 근로자를 사용하는 사용자는 취업규칙을 작성해야 하지요. 그리고 노동조합이 있는 회사는 사용자와 단체교섭을 통해 단체협약을 작성하기도 합니다. 취업규칙은 사용자에 의해 일방적으로 작성되는 것인데 반해, 단체협약은 노사가 대등한 입장에서 작성되는 것으로, 취업규칙은 법령 또는 사업장에서 적용되는 단체협약에 위반되어서는 안 됩니다(근로기준법 제96조 제1항). 따라서 법령 또는 단체협약에 위반되는 내용을 정하고 있는 취업규칙은 효력이 없습니다. 특히 단체협약에서 정한 근로조건 기타 근로자의 대우에 관한 기준에 위반하는 취업규칙 부분은 무효로 되고, 그 무효로 된 부분은 단체협약에서 정한 기준에 의해 보충됩니다(노동조합법 제33조). 하지만 취업규칙에 정한 내용이 근로자에게 보다 유리한 것이라면, 취업규칙에서 정한 내용이 우선할 수 있습니다.

A 회사의 취업규칙을 예시로 들어볼게요.

제40조(해고) 사원이 다음 각 호에 해당하는 경우에는 해고할 수 있다.
1. 금치산, 한정치산 선고를 받은 경우
2. 금고 이상의 형이 확정된 경우
3. 신체 또는 정신상 장애로 직무를 감당할 수 없다고 인정되는 경우
4. 계속해서 3일 이상 또는 연간 12일 이상 무단결근한 경우
5. 징계위원회에서 해고가 결정된 경우

제42조(징계) 회사는 다음 각 호에 해당하는 사원에 대하여 징계위원회의 의결을 거쳐 징계할 수 있다.
1. 업무상 비밀 및 기밀을 누설하여 회사에 피해를 입힌 자
2. 회사의 규율과 상사의 정당한 지시를 어겨 질서를 문란하게 한 자
3. 고의로 업무능률을 저해하거나 업무수행을 방해한 자
4. 직장 내에서 성희롱 행위를 한 자

제43조(징계 종류)
1. 감봉
2. 정직
3. 해고

A 회사의 취업규칙에 해고사유가 나와 있지요? 회사의 취업규칙이나 단체협약의 해고사유에 명시되지 않은 사유로 해고되는 것이라면, 정당한 해고라 볼 수 없습니다. 그리고 A 회사 취업규칙 제42조를 보면, 징계를 하는 경우, '징계위원회의 의결을 거쳐 징계할 수 있다'라고 되어 있죠? 취업규칙에 이렇게 징계절차가 규정되어 있다면, 반드시 지켜야 합니다. 절차에 따르지 않은 징계해고는 부당해고입니다.

나. 회사 경영 사정으로 인한 해고

회사가 당장 경영이 어렵다면, 직원들이 업무상 잘못이 없더라도 불가피하게 감원할 수밖에 없습니다. 통상 '정리해고'라고 하지요. 그 대신 근로기준법에서는 경영상의 이유에 의한 해고가 남용되지 않도록 요

건을 정하고 있습니다. 긴박한 경영상의 필요가 있어야 하고, 해고 전에 신입·경력사원 채용 중지, 근로시간 단축 등 해고를 피하기 위한 노력을 다해야 합니다. 그리고 정리해고의 필요성, 방법, 기준, 절차 등에 대해 해고하려는 날의 50일 전까지 사업장 또는 근로자대표에 통보하고 협의해야 합니다. 이러한 요건을 지키지 않고 이루어진 해고는 정당한 해고라 볼 수 없습니다.

부당해고에 맞서는 방법

가. 노동위원회 구제신청

이렇게 정당한 사유나 정해진 절차에 따르지 않고 이루어진 해고는 부당해고이니 다퉈야겠지요? 근로자는 노동위원회에 구제신청을 해 부당해고를 다툴 수 있습니다. 구제신청은 해고된 날로부터 3개월 이내에 신청해야 합니다. 3개월이 초과하면 민사소송으로 해고무효확인소송을 제기하여 다퉈야 합니다. 노동위원회는 근로자와 사용자를 불러 조사와 심문을 진행합니다. 해고의 부당함을 서면으로 정리하여 증거자료와 함께 제출합니다. 혼자 진행하는 것이 힘들다면 변호사나 공인노무사를 선임하여 진행할 수 있습니다. 특히 월평균임금 250만 원 미만인 사람은 국가에서 비용을 부담하고, 변호사나 공인노무사의 도움을 받을 수 있습니다.[1]

---

1 권리구제업무 대리인 선임 신청을 할 수 있는 사람의 기준이 되는 월평균 임금은 2017. 7. 1.부터 250만 원 미만으로 변경되었습니다(고용노동부 고시 제2017-35호).

노동위원회에서 심문을 거쳐 부당해고로 판정하면, 사용자에게 구제명령을 내립니다. 복직할 수 있고(선택사항), 부당 해고된 기간 동안 정상적으로 일을 계속했더라면 받을 수 있었던 임금도 모두 지급받을 수 있습니다.

나. 해고무효확인소송

노동위원회에 구제신청을 했는데 정당한 해고라고 판정되거나 부당해고로 판정되었지만 사용자 측에서 판정에 불복하는 경우, 판정서를 받은 후 10일 내에 중앙노동위원회에 다시 판단해달라는 재심신청을 해 다시 다투게 됩니다. 그리고 또다시 일방이 판정 결과에 불복하면 판정서를 받고 15일 내에 행정법원에 소송을 제기해 다투게 되지요. 결과적으로 법원의 판단을 구하는 절차를 거치게 됩니다. 사용자가 쉽게 수긍하지 않을 것으로 예상된다면, 노동위원회를 거치지 않고 바로 법원에 해고가 무효임을 확인하는 소송과 해고 기간 중의 임금을 청구하는 임금청구소송을 함께 제기하는 것이 더 신속한 해결방안이 될 수 있습니다.

알아두세요! 해고예고수당

부당해고를 다투지 않고 회사의 해고를 받아들여 나가기로 결정했더라도 해고예고수당을 받을 수 있는지 확인할 필요가 있습니다. 회사는 해고일 30일 전에 해고를 예고해야 하고, 이를 지키지 않으면 30일분 이상의 통상임금을 받을 수 있지요. 대신 일용근로자로 3개월을 계속 근무하지 않은 근로자, 2개월 이내의 기간을 정해 사용된 근로자, 월급근로자로서 6개월이 되지 못한 자, 계절적 업무에 6개월 이내의 기간을 정하여 사용된 근로자, 수습 사용 중인 근로자에게는 적용되지 않습니다.

사장님이
월급을 주지 않아요

고용노동부 신고

고용노동부 신고에는 '진정'과 '고소'가 있습니다. 진정은 체불 임금을 받을 수 있게 도와달라는 것이고, 고소는 사업주를 근로기준법 위반으로 처벌해달라는 것입니다. 고용노동부 홈페이지 또는 사업장 관할 지방고용노동청을 방문해 신고 접수를 할 수 있습니다. 접수를 하면 고용노동부의 근로감독관은 체불경위와 지급 시기를 조사하고, 사업주에게 기간을 정해 체불 임금을 지급하라고 지시합니다.

그런데 사업주가 주지 않겠다고 버티면? 근로감독관이 달리 강제할 수 있는 방법은 없습니다. 결국 근로자가 밀린 월급을 달라고 민사소송을 제기할 수밖에 없지요. 대신 근로자가 요청하면 해당 관할 고용노동청은 체불된 임금 금액을 확인해주는 체불금품확인원을 발급해주는데, 이는 민사소송에서 임금채권의 내역 및 액수를 입증하는 자료로 사용할 수 있습니다.

그리고 사업주의 재산에 대해 경매가 이루어지고 있다면 미리 채권자로서 배당을 청구해야 하는데, 이때 체불금품확인원을 소명자료로 제출할 수 있습니다.

임금체불은 범죄

임금을 체불하는 사업주는 근로자에게 월급을 주어야 할 책임을 지는 것은 물론, 형사처벌까지 받을 수 있습니다. 근로기준법에서 임금을 체불하면 3년 이하의 징역 또는 2,000만 원 이하의 벌금에 처한다고 정하고 있지요. 근로감독관은 사업주가 임금을 지급하지 않으면, 범죄인지보고서를 작성합니다. 그 대신 임금체불은 피해자 의사에 반해 처벌할 수 없는 반의사불벌죄이기 때문에 근로자의 처벌의사를 확인해야 합니다. 근로자도 사장님 사정이 어려워 월급을 못 주는 걸 아는데, 형사처벌을 받는 것까지는 원하지 않을 수 있으니까요. 근로감독관은 근로자가 처벌을 원하지 않으면 수사를 종료하고, 처벌을 원하면 사건을 검찰에 송치합니다.

민사소송

사업주가 끝까지 월급을 지급하지 않으면 민사소송을 제기해 판결을 받고 사업주의 재산을 강제집행하는 절차를 밟는 수밖에 없습니다. 변호사를 선임하려니 비용이 부담되고, 혼자 진행하자니 어렵다고요? 걱정하지 마세요! 최종 3개월분 월평균 임금이 400만 원 미만인 근로자라면 대한법률구조공단의 법률구조를 받아 비용을 들이지 않고 체불임금소송을 진행할 수 있습니다.

체당금 신청

회사가 문을 닫으면 근로자는 누구에게 임금을 달라고 할지 막막합니다. 이런 근로자를 위해 '체당금제도'가 있지요. 체당금제도는 회사가 망해 임금을 받지 못하고 퇴직한 근로자에게 국가가 사업주를 대신해 체불 임금을 지급해주는 제도입니다. 임금, 휴업수당, 퇴직금 등이 체당금에 포함되지요. 그 대신 체당금을 받을 수 있는 요건이 있습니다.

1. **회사**: 회사가 도산한 경우여야 합니다. 도산사실은 법원의 파산선고, 법원의 회생절차개시결정, 관할 고용노동청의 '도산 등 사실인정'으로 확인할 수 있습니다.
2. **사업주**: 산재 보험 적용 대상으로 6개월 이상 사업을 지속했어야 합니다.
3. **근로자**: 파산선고일, 도산 등 사실인정의 신청일을 기준으로 1년 전부터 3년 내에 퇴직한 경우여야 합니다.

위의 요건을 충족하면 체당금을 받을 수 있는데, 그 대상은 '최종 3개월분의 임금(휴업수당)과 최종 3년간의 퇴직금 중 미지급액'입니다.

상사가
저를 왕따시켜요

아직 철이 없는 아이들의 일인 줄 알았는데, 다 큰 어른들이 따돌림이라니 정말 아이들 보기가 부끄럽네요. 그런데 의외로 직장 내에서의 따돌림은 생각보다 많이 일어나고 있습니다. 그중 상사라는 지위를 이용해 이루어지는 권력형 따돌림은 피해 정도가 심한데, 다른 직원들이 보는 앞에서 소리 지르기, 욕하기, 부당한 비판, 다른 동료들과 차별적 대우를 받으면 심리적으로 큰 상처를 받게 될 뿐만 아니라 직장 관계에서 겪는 압박으로 회사 업무 수행에도 지장을 주기 때문에 회사의 입장에서도 큰 손해입니다.

증거를 수집하고 적극 대응하라

많은 직장인들이 상사의 따돌림이 있어도 이를 알리지 않는다고 합니다. 하지만 곪으면 터지는 법…. 참을수록 계속되고 아무렇지 않게 되는 것이 따돌림이니 참지 말고 대응할 필요가 있습니다. 회사 내 고충처리기관이나 상급자에게 문제상황을 보고하고 시정을 요청할 필요가 있습니다. 이러한 요청은 자료가 남도록 서면으로 하는 것이 좋지요. 안타깝게도 직장 내 따돌림에 대해서는 아직까지 법에 특별한 처벌규정이 없습니다. 하지만 상사의 행위가 형사처벌의 대상이 되는 행위라면 처벌할 수 있지요. 상사가 다른 직원들이 있는 자리에서 욕설을 하거나 인격을 모독하는 발언을 했다면 모욕이나 명예훼손으로 고소할 수 있습니다. 그 대신 고소 후에 상사가 그런 말을 한 적이 없다고 발뺌할 경우, 목격자로 증언을 해주겠다며 발벗고 나서는 직원은 찾아보기 힘들기 때문에 미리 상사의 발언을 녹음해두거나 목격자 진술을 확보하는 방법으로 증거를 남겨두는 것이 필요합니다.

징계사유

상사의 행위가 취업규칙의 징계 사유로 규정되어 있다면, 상사는 징계를 받을 수 있습니다. 만약, 취업규칙의 징계사유에 '폭언, 폭행, 협박 등의 행위를 한 때', '법에 의해 기소되거나 기타 사회적 물의를 일으켜 회사의 명예를 실추시킨 때'를 징계사유로 정하고 있다면 형사처벌을 받은 상사는 회사 내의 징계도 받게 되겠지요.

따돌림으로 우울증이 생기면 산업재해보상

직장 내 따돌림으로 인한 스트레스는 매우 크기 때문에 이로 인해 우울증과 불면증으로 고생하는 직원도 많습니다. 만약, 직장 내 따돌림으로 우울증이 생겼다면 업무상재해로 인정되어 보상을 받을 수 있습니다.

따돌림으로 퇴사해도 실업급여?

실업급여는 원칙적으로 회사로부터 해고를 당했거나 성희롱을 당한 경우 등 비자발적인 퇴사여야 받을 수 있는 것이 원칙입니다. 그런데 경우에 따라서는 따돌림으로 인한 퇴사도 실업급여를 인정받을 수 있습니다. 자발적으로 퇴사를 했더라도 집단으로 따돌림을 받아 퇴직했다면 비자발적인 퇴사로 보아 실업급여를 인정한 사례가 있지요. 다만, 따돌림으로 인한 퇴사라고 모두 실업급여가 인정되는 것은 아니고, 직장생활이 곤란할 정도의 조직 내 따돌림으로 다른 근로자도 이직했을 거라는 사실이 객관적으로 인정되어야 하기 때문에 제대로 입증되지 않으면 인정받지 못할 수 있습니다. 그러니 바로 퇴사하기보다는 상사에게 부당한 행동의 시정을 요청하고 적극적으로 대응하기 바랍니다.

사무실에서 짐을 옮기다가 허리를 다쳤어요

직장에서 근로자가 사업주의 지시에 따라 일을 하다 부상을 당했다면? 근로자의 중대한 과실로 인한 부상이 아니라면 사용자는 사용자의 비용으로 근로자에게 치료비, 휴업손해, 장해보상 등을 해주어야 합니다. 그런데 과실 여부에 대해 다툼이 생기거나 사업주의 경제적 능력에 따라 배상받지 못하는 경우도 생기다 보니 국가에서는 모든 근로자들이 일하다 다치면 과실 여부를 따지지 않고 배상을 받을 수 있도록 산업재해보상보험제도를 만들었습니다. 산업재해보상보험법의 적용을 받는 사업의 사업주는 의무적으로 산재보험의 보험가입자가 됩니다. 적용받지 않는 사업의 사업주도 산재보험에 가입할 수 있습니다. 흔히 4대보험이라고 하죠? 국민연금, 건강보험, 고용보험 그리고 산재보험입니다. 직장에 다니면서 월급을 받는 근로자라면, 대부분 산업재해보상보험법의 적용을 받습니다. 공무원, 군인, 선원, 사립학교 교직원 등은 별도의 법으로 보호받기 때문에 산업재해보상보험법의 적용을 받지 않고요.

산업재해보상보험은 고용노동부장관의 위탁을 받아 근로복지공단에서 담당하고 있습니다. 사업주는 근로복지공단에 보험료를 납부하고, 근로복지공단은 재해를 당한 근로자나 근로자의 유족이 보험급여를 청구하면, 업무상 재해인지의 여부를 확인한 후 보험급여를 지급합니다. 보험급여는 요양급여, 휴업급여, 장해급여, 간병급여, 유족급여, 상병보상연금, 장의비, 직업재활급여 등입니다.

업무상 재해

보험급여를 받으려면, 근로자의 재해가 업무로 인한 것이어야 합니다. 그런데 작업장에서 작업을 하다가 손에 상처가 난다거나 하는 경우처럼 업무로 인한 것이 명확한 경우도 있지만, 그렇지 않은 경우도 많답니다. 예를 들어, 하루종일 시끄러운 작업환경에서 일하는 사람에게 이명이 왔다고 가정해볼게요. 시끄러운 작업환경에서 일한 탓에 이명이 올 수도 있지만, 이 사람의 선천적인 요인으로 이명이 왔을 수도 있습니다. 그리고 무거운 짐을 나르는 사람에게 디스크가 발병했다고 가정해볼게요. 평소 자세가 좋지 않거나 집안일을 하면서 허리를 많이 사용하는 경우도 있기 때문에 디스크 발생이 무거운 짐을 나르는 업무 때문이라고 단정하기 어렵습니다. 이런 경우, 근로복지공단에서는 업무상 재해가 맞는지 고민하게 되지요.

나의 재해가 업무로 인한 것이라는 것을 입증할 책임은 근로자에게 있습니다. 따라서 근로자는 근로복지공단이 산재 인정을 해줄 거라

기대하지 말고, 업무와 재해의 연관성을 인정받을 수 있도록 의사의 소견을 받거나 업무의 신체적 부담 정도에 대해 전문가 소견을 받아 근로복지공단을 설득하는 것이 필요합니다.

사무실에서 책상을 옮기다 다른 사람과 부딪혀 어깨가 탈골되었다면 인과관계가 명백하니 산재로 인정받을 수 있습니다. 그런데 사무실에서 책상을 옮기고 다음날 아침에 일어났는데 허리가 아파 병원에 갔더니 디스크 진단을 받은 경우는 어떻게 해야 할까요? 사무실에서 책상을 옮긴 것 때문에 디스크가 발생했다고 보기에는 무리가 있을 수 있습니다. 그 대신 10년 이상 무거운 책상만 옮기는 것이 주 업무인 근로자라면 업무로 디스크가 발생했다고 볼 여지도 있습니다.

산업재해보상보험이 열심히 일한 근로자를 위한 제도이지만, 근로자의 마음과 달리 업무상 재해로 인정되지 않는 경우도 많으니 일할 때는 항상 조심하기 바랍니다.

43   길을 걸어가다 교통사고를 당했어요! 합의금은 얼마?

44   친구가 제 차를 빌려서 운전하다가 사람을 치었어요

45   후유증이 남았어요

46   동승자의 음주운전 묵인하면 처벌받아요

47   아이가 유치원 차를 타고 오다가 다쳤어요

끔찍한 교통사고,
당황하지 말고
이렇게!

Common Sense Dictionary of Everyday Law

길을 걸어가다 교통사고를 당했어요! 합의금은 얼마?

43

사고 때문에 내가 입은 손해는 보상받자!

용어정리부터 하겠습니다. 통상 교통사고를 당한 피해자가, 가해자 또는 가해자와 계약을 체결한 보험사로부터 받는 돈을 두고 보상금, 배상금, 손해배상금, 합의금, 보험금 등 여러 가지 용어가 사용되고 있습니다. 엄밀히 말하면, 내가 입은 손해를 배상받는 '손해배상금'과 가해자가 형사책임까지 지게 되었을 때 가해자로부터 받는 '형사합의금'으로 나누어집니다.

손해배상금

교통사고를 당하여 다치면, 통상 다음과 같은 손해가 발생합니다.

- **치료비**: 사고를 당하면 병원에 입원하거나 통원하면서 각종 검사

와 치료를 받게 됩니다.

- **향후 치료비**: 치료를 했지만, 지속적으로 병원을 방문해 치료를 받아야 하는 경우도 발생합니다.

- **휴업손해**: 입원해서 치료를 받았다면 일을 하지 못했으니 그만큼 소득이 줄어들겠지요? 이를 '휴업손해'라고 합니다. 가정주부나 학생처럼 무직인 경우라도 일용근로자 임금을 기준으로 휴업손해를 책정합니다.

- **일실손해**: 손가락이 절단된 경우처럼 치료를 받았어도 영구적인 장해가 남으면 경제활동에도 지장을 받게 됩니다. 100% 노동능력을 발휘할 수 없으니 그만큼 소득이 없어지겠지요. 통상 피해자가 근로가능연령까지 벌어들일 수 있는 수입에 장해율을 곱하는 방식으로 손해액을 책정합니다.

- **개호비**: 입원해 있는 동안이나 퇴원한 후에도 장해가 많이 남으면 거동할 때 타인의 도움을 받아야 하니 전문 간병인이나 가족이 보살펴야 하는데. 이를 '개호비'라고 합니다.

- **위자료**: 다쳐서 치료를 받고, 영구적인 장해까지 남았다면 정신적인 고통이 크겠지요. 정신적인 고통을 금전으로 보상하는 것을 '위자료'라고 합니다.

피해자는 가해자 또는 가해자와 자동차보험계약을 체결한 보험사로부터 위와 같은 손해를 고려해 손해배상금을 받아야 합니다. 다만, 가해자의 100% 과실이 아닌 피해자에게도 일부 과실이 인정된다면 손해에서 피해자의 과실만큼은 제하고 손해배상금을 받게 되겠지요.

형사합의금

　가해자가 신호위반, 속도위반 등 11대 중과실에 의한 교통사고를 낸 경우, 중상해 사고를 낸 경우, 피해자를 구호하지 않고 도주한 경우에는 손해배상책임을 지는 것과 별개로 형사처벌도 받게 됩니다. 무거운 처벌을 받는 것이 두려운 가해자는 피해자로부터 '피해자는 가해자의 처벌을 원하지 않는다'라는 내용이 적힌 '처벌불원서'를 작성받고, 이를 수사기관이나 법원에 제출해서 정상 참작을 받아 처벌을 가볍게 받으려 하기도 합니다. 피해자는 이러한 '처벌불원서'를 작성해줄 때 돈을 받기도 하는데, 이를 '형사합의금'이라 합니다.

　피해자가 입은 손해배상을 받는 것과 형사합의금을 받고 가해자에게 처벌불원서를 작성해주는 것은 별개입니다. 하지만 현실에서는 피해자가 입은 손해를 모두 배상하면서 피해자로부터 가해자의 형사처벌을 원하지 않는다는 처벌불원서를 함께 받는 경우가 대부분이지요.

　하지만 치료가 장기화되면서 손해액이 확정되지 않았거나 손해배상금액을 협의 중인 경우, 또는 손해배상금이 큰 금액이라 마련하는 데 시간이 걸리는데, 그 사이 형사재판을 받아야 하는 경우에는 손해배상을 받는 것과는 별도로 처벌불원서를 작성하기도 합니다. 이때 주의할 점은 손해배상을 받지 못한 상황에서 형사처벌을 적게 받을 수 있도록 처벌불원서를 작성해주기로 하는 경우, 형사합의금을 받는 것이라면 반드시 '형사합의금으로 받는 것이고, 민사상 손해배상금은 이와 별개로 받는다'라는 내용을 명시적으로 기재해야 합니다. 그렇지 않으면 처벌불원서를 작성하면서 받은 돈을 손해배상금으로 볼 수 있기 때문이지요. 그리고 가해자가 돈은 빠른 시일 내에 줄 테니 일단 처벌불원서를 써 달라고 해서 현실적으로 아무런 돈을 받지 않은 상황에서 처벌불원서를 작성해주어서도 안 됩니다. 가해자가 처벌을 적게 받고 약속을 지키지 않을 수도 있기 때문입니다.

합의는 가해자의 자력을 고려해 적절하게

가해자가 보험에 가입했어도 보험사가 무한정으로 손해배상을 대신하는 것은 아니기 때문에 보험사와 체결한 손해배상금액 한도액을 넘는 금액은 피해자가 가해자에게 청구할 수밖에 없습니다. 보험사는 자력이 있지만, 개인은 피해자가 입은 손해를 충분히 배상해주기 어려울 수 있지요. 또한 형사처벌을 앞둔 가해자라 하더라도 형사합의는 의무가 아닙니다. 가해자의 진정성 있는 사과를 받고 형사합의금을 받지 않고 처벌불원서를 작성하기도 하지요. 그러니 손해배상금을 받거나 형사합의금을 받을 때는 가해자의 지급 의사, 지급 가능성 등 자력을 고려하여 원만히 합의하는 것이 좋습니다.

친구가 제 차를 빌려서 운전하다가 사람을 치었어요

44

자동차와 관련해서는 먼저 여러 가지 용어들을 짚고 넘어가야 합니다.

- 대인배상: 운전 당사자 이외에 자동차 사고의 상대방이 부상을 당한 경우, 이러한 피해를 배상해주는 것을 말합니다.
- 대물배상: 자동차 사고로 타인 소유의 재물이 훼손되거나 멸실된 경우에 이러한 피해를 배상해주는 것을 말합니다.
- 책임보험: 우리 법에서는 자력이 없는 운전자가 사고를 내도 피해자가 최소한의 피해보상을 받을 수 있도록 차주에게 의무적으로 책임보험에 가입하도록 하고 있습니다. 만약, 책임보험을 가입하지 않으면 과태료가 부과되고, 운전하다 적발되면 1년 이하의 징역 또는 500만 원 이하의 벌금형에 처해질 수 있지요. 책

임보험의 내용은 대인배상 1억 원 한도에서(부상은 등급에 따라 80만 원에서 2,000만 원 한도이고, 사망 또는 후유장해 시 1억 원 한도에서 배상합니다), 대물배상 1,000만 원 한도에서 배상합니다. 이를 흔히 대인배상 I, 대물배상 I이라 칭하지요.

- **종합보험**: 운전자가 책임보험에서 보장하는 배상 내용이나 배상 한도를 초과하는 손해가 날 경우에 대비해 추가로 보험에 가입하는데, 이를 '종합보험'이라 합니다.

종합보험에는 대인배상 II, 대물배상 II, 자기차량손해(본인 과실로 본인 차량에 생긴 직접적인 손해를 보상받는 보험으로, 다른 차량이나 타 물체와의 충돌, 전복 등으로 인한 손해를 보장함. 화재사고, 폭발 낙뢰, 날아온 물체 등으로 인한 차량손해, 피보험 차량의 전부 도난 등을 보장함. 단, 보상 시 자기부담금이 있음), 자기신체사고(운전자의 과실로 운전자 또는 운전자 가족이 부상을 입은 경우 보상받는 보험), 무보험자동차상해(자동차보험 가입자가 자기 차를 운전 중이거나 다른 차에 타고 있다가 무보험 차량에 의해 피해를 입었을 때 보상받는 보험으로, 보험사가 보험계약자에게 보상해주고 추후 가해자에게 보상금액을 되돌려받게 되므로 피해자가 가해자의 자력을 걱정할 필요가 없음) 등이 있습니다.

차주도 책임진다!

운전자의 운전 중 잘못으로 다치면 누구에게 손해배상을 청구해야 할까요? 물론 직접적으로 잘못을 한 운전자입니다. 그런데 자동차 사고의 경우, 피해자는 손해배상을 1명에게 더 청구할 수 있습니다. 바로 차주이지요. 자동차손해배상보장법 제3조에서는 '자기를 위하여 자동차를 운행하는 자는 그 운행으로 다른 사람을 사망하게 하거나 부상하게 한 경우에는 그 손해를 배상할 책임을 진다'라고 규정하고 있습니다. 차주가 직접 사고를 일으킨 게 아니라도 사람이 다치면 차주에게도 손해배상책임을 지우는 것이지요. 자동차 사고로 인명피해가 나도 가해자가 자력이 없는 경우가 많다 보니 인적사고에 대해서는 넓게 배상을 받을 수 있도록 장치를 만들어둔 것이지요. 만약, 운전자가 차주의 심부름을 하느라 운전한 경우처럼 차주가 차주 본인을 위해 운전자로 하여금 운전하게 한 것이라면 차주는 사용자 책임을 지기 때문에 대인배상뿐만 아니라 대물배상까지 책임질 수 있습니다.

자동차보험에 운전자 추가!

차주가 자동차보험에 가입할 때 특약사항으로 운전자를 '기준 연령 이상, 누구나'로 해두었고, 차를 빌려 운전할 사람의 연령이 해당 기준을 충족하면 운전자로 차주가 가입한 자동차보험혜택을 받을 수 있습니다.

그렇지 않을 경우, 기존의 가입한 보험에 차를 빌려 운전할 사람을 운전자로 추가하면, 해당 운전자가 운전하다 사고가 나도 차주가 가입한 자동차보험을 적용받을 수 있지요. 이를 '임시운전한정특약'이라 합니다. 하루 단위로도 추가할 수 있습니다.

그래도 차는 웬만하면 빌려주지 마세요

만약, 차를 빌리는 사람이 보험에 운전자로 인정될 수 없다면 사고가 났을 때 책임보험의 한도 내에서만 보상받을 수 있습니다. 책임보험한도를 넘어가는 손해는 운전자가 배상해줘야 하는데, 운전자에게 재산이 없으면 적어도 대인배상은 차주가 연대해서 배상할 책임을 집니다.

그리고 앞에서 설명드린 것처럼 자동차보험에 운전자를 추가하는 등 안전책을 마련했더라도 차를 빌린 운전자가 무면허이거나 음주운전을 하기라도 하면 차주가 가입한 보험을 온전히 적용받을 수 없게 되고, 100~400만 원(대인 300만 원, 대물 100만 원)가량의 부담금까지 별도로 내야 합니다. 축소되어 적용된 보험의 배상 한도를 넘는 대인배상은 사고 당사자는 물론, 차주까지 연대책임을 지게 되니 자동차는 애초에 다른 사람에게 빌려주지 않는 게 좋습니다.

알아두세요! **차를 빌려탈 수밖에 없을 때는?**

차를 빌려 운전할 사람도 안전책을 마련할 수 있습니다. 차를 빌려 운전하는 사람이 기존에 자동차를 소유하고 있어 자동차보험에 가입한 상태이고, 추가로 타차운전특약에 가입했다면 사고가 났을 때 차를 빌려 운전한 사람의 보험으로 처리가 가능하지요. 단, 승용차 소유자라면 승용차를, 경차 소유자라면 경차를 빌려 운전하는 것이어야 하고, 운전자의 부모, 배우자 또는 자녀가 소유하거나 통상적으로 사용하는 자동차는 보험이 적용되는 타차에 해당되지 않는 등 제한이 많으니 요건에 맞는지 꼼꼼하게 따져봐야 합니다.

후유증이 남았어요

45

A는 길을 가다 골목길에서 A를 미처 보지 못한 차량운전자 B가 백미러로 A의 옆을 치고 가는 교통사고를 당했습니다. 이 때문에 A는 넙다리뼈가 부러져 병원에 입원했습니다. 다행히 B는 길벗보험에 종합보험을 든 운전자라 길벗보험에서 담당자가 나와 사고 경위를 조사하고 수술비와 치료비를 부담하기로 했지요. 길벗보험 담당자 C는 사고 경위를 조사하고 A의 수술비와 치료비로 3,000만 원을 지급하기로 하면서 A와 합의서를 작성했습니다. 합의서에는 '이 사건 교통사고로 인한 일체의 권리를 포기하고 향후 민·형사상 이의를 제기하지 않겠다'는 문구가 있었지요. 그런데 병원에서 수술을 받고 몇달 지나지 않아 A가 수술받은 다리가 다른 한쪽보다 길이가 짧아졌다는 진단을 받았습니다.

인과관계 있다면 후유장해 발생에 대한 손해배상

사고를 겪고 나서 후유장해가 발생했고, 이게 당초 발생한 사고와 인과관계가 있다면 이러한 후유장해도 배상해주어야 합니다. 예를 들어, 폭행으로 아킬레스건이 끊어졌다고 가정해볼게요. 아킬레스건이 끊어지면 다시 잇는 수술을 받아야겠죠? 그런데 수술을 받아도 바로 걸을 수 없고, 6개월가량 재활치료를 받아야 합니다. 그리고 경우에 따라서는 발목관절을 이전처럼 움직이기 어려워지고, 운동에 제한이 생기는 후유증이 발생할 수 있지요. 이런 후유장해에 대해서도 배상받을 수 있습니다. 그 대신 발생한 후유장해를 배상할 때에는 피해자의 체질적인 요인과 기왕증(환자가 지금까지 경험해본 병)도 고려됩니다. 그러니까 법원은 신체에 대한 가해행위로 인한 손해의 확대에 피해자 자신의 체질적 요인이나 심인적 요인이 기여하였음이 인정되면, 손해의 공평부담을 위하여 그 손해확대에 기여한 피해자의 사정을 참작해 손해배상액을 정합니다.

후유장해가 생기면 기본적으로 노동력을 모두 발휘하지 못하게 됩니다. 영구적으로 간병인의 도움을 받으면서 살아야 하는 경우도 있지요. 이렇게 상실된 노동력에 대한 손해, 병원 치료비, 간병비, 위자료 등을 배상받을 수 있습니다.

합의서 함부로 써주면!

불법행위로 인한 손해배상에 관하여 가해자와 피해자 사이에 피해자가 일정한 금액을 지급받고, 그 나머지 청구를 포기하기로 합의가 이루어진 때에는 그 후 그 이상의 손해가 발생하였다 하더라도 다시 그

배상을 청구할 수 없는 것이 원칙(대법원 2000. 3. 23. 선고 99다63176)입니다.

다만, 그 합의가 손해발생의 원인인 사고 후 얼마 지나지 않아 손해의 범위를 정확히 확인하기 어려운 상황에서 이루어진 것이고, 후발손해가 합의 당시의 사정으로 보아 예상이 불가능한 것으로서 당사자가 후발손해를 예상하였더라면 사회통념상 합의금액으로는 화해하지 않았을 것이라고 보는 것이 상당할 만큼 그 손해가 중대한 것일 때에는 당사자의 의사가 이러한 손해에 대해서까지 그 배상청구권을 포기한 것이라고 볼 수 없으므로 다시 그 배상을 청구할 수 있다고 보고 있습니다.

대법원은 교통사고로 우대퇴골 경부골절(무릎 위쪽에 위치한 넙다리뼈) 수술을 받고 합의를 했는데, 이후 하지단축(다리 길이가 짧아진 것)이 발견되었던 사례에서 하지 단축이라는 장해는 교통사고 합의 이전에 받은 우대퇴부 골절 수술로 발생한 것이라서 합의 당시 예상할 수 없었던 손해로 보기 어렵다고 봤습니다. 따라서 합의의 효력이 하지단축의 후유장해로 인한 손해에도 미치기 때문에 추가로 배상을 청구할 수 없다고 본 것이지요(대법원 2000. 3. 23. 선고 99다63176).

반면, 피해자가 교통사고를 당해 식물인간 상태가 되고, 여명이 5년이라는 감정결과를 받고, 이를 고려해 손해배상금을 받고 합의했는데, 이후 피해자가 식물인간 상태에서 벗어나 종전에 예측된 여명기간 이후로도 약 38년 더 생존할 수 있다는 감정결과가 나온 사례에서, 대법원은 '연장된 수명에 따른 후발손해에 대해서는 합의의 효력이 미치지 않는다'고 판시했습니다(대법원 2001. 9. 14. 선고 99다42797 판결). 즉, 추가로 배상을 청구할 수 있다고 본 겁니다.

이렇게 합의를 해주고 나서 후유증을 확인하게 되면 그 후유증이 발생할 것을 예측할 수 있는 상황에서 합의한 것인지의 여부가 중요한 쟁점이 됩니다. 섣불리 합의서를 작성하면 추가적인 손해가 나도 배상을 받지 못하는 경우가 생길 수 있으니 신중하게 합의해야 합니다.

동승자의 음주운전 묵인하면 처벌받아요

음주운전, 사고가 나지 않아도 무조건 범죄

많이 줄어들기는 했지만, 아직까지도 술을 마시고 본인은 정신이 온전하다고 주장하며 운전하는 사람들이 많습니다. 우리 도로교통법에서는 술에 취한 상태에서 운전하여서는 안 된다고 하여 이를 어기는 경우 처벌하고 있고, 사고가 나지 않아도 음주운전 자체로 엄연한 범죄행위입니다.

- 혈중알콜농도 0.03% 이상 0.08% 미만인 사람
  → 1년 이하의 징역이나 500만 원 이하의 벌금
- 혈중알콜농도 0.08% 이상 0.2% 미만인 사람
  → 1년 이상 2년 이하의 징역이나 500만 원 이상 1,000만 원 이하의 벌금

- 혈중알콜농도 0.2% 이상인 사람
  - → 2년 이상 5년 이하의 징역이나 1천만 원 이상 2,000만 원 이하의 벌금
- 음주 운전 중 사람을 다치게 하거나 사망한 경우
  - → 상해를 입게 한 경우에는 「1년 이상 15년 이하의 징역 또는 1,000만 원 이상 3,000만원 이하의 벌금」, 사망에 이르게 한 경우에는 「무기 또는 3년 이상의 징역」(특정범죄가중처벌 등에 관한 법률 제5조의11)

음주운전 묵인한 동승자도 처벌될 수 있어요

우리 형법에서는 타인의 범죄를 교사하거나 방조한 자도 처벌합니다. 함께 술을 마시고 자신의 차를 운전하도록 했다거나 적극적으로 운전을 권유한 경우, 교사 또는 방조도 함께 처벌될 수 있으니 음주운전은 꼭 말리셔야 합니다.

아이가 유치원 차를 타고 오다가 다쳤어요

47

통학버스운영자와 운전자의 의무

어린이를 교육대상으로 하는 시설에서 어린이의 통학 등에 이용되는 자동차를 '어린이통학버스'라고 합니다.

교통사고에 취약한 아이들을 특히 보호해야 하는 만큼 관할경찰서에 통학버스로 신고해 관리를 받고, 교통사고로 인한 피해를 전액 배상할 수 있도록 보험 또는 공제조합에 가입해야 합니다. 또한 운영자와 운전자는 정기적으로 안전교육도 받아야 하지요.

어린이 통학버스 운영자는 어린이 통학버스에 유치원의 교직원, 그 밖에 어린이통학버스 운영자가 지명한 사람이 함께 타도록 해야 합니다. 이렇게 함께 동승한 사람은 어린이를 승·하차시킬 때 자동차에서 하차해 어린이가 자동차로부터 안전한 장소에 도착한 것을 확인할 의무가 있습니다. 만약, 동승자가 없는 경우에는 어린이 통학버스 운전자가 자동차에서 하차해 어린이가 자동차로부터 안전한 장소에 도착한 것을 확인해야 합니다.

아이가 유치원 통학버스를 타고 오던 중 사고로 부상을 입은 경우, 가입한 보험사 또는 공제조합에서 보상받을 수 있습니다. 또한 유치원은 기본적으로 유치원에서 발생한 안전사고로 학생이 생명, 신체에 입은 피해를 전액 보상하기 위해 의무적으로 학교안전공제회에 가입하기 때문에 학교안전공제회를 통해서도 피해를 보상받을 수 있습니다.

알아두세요! 어린이 보호구역에서의 교통사고

운전자가 어린이 보호구역에서 제한속도 위반이나 안전운전의무 위반으로 어린이를 다치게 한 때에는 교통사고처리특례법에서 규정하고 있는 특례 적용이 배제됩니다. 즉, 피해자가 가해운전자의 처벌을 원치 않거나 가해자가 종합보험에 가입되어 있으면 공소제기를 할 수 없도록 규정하고 있는 특례 적용이 배제됩니다. 더욱이, 그 운전자는 「특정범죄가중처벌등에관한법률」 제5조의13에 따라 무겁게 처벌되는데, 어린이를 사망에 이르게 한 때에는 '무기 또는 3년 이상의 징역'으로, 어린이를 상해에 이르게 한 때에는 '1년 이상 15년 이하의 징역 또는 500만원 이상 3천만원 이하의 벌금'으로 처벌됩니다.

48 　인터넷쇼핑몰에서 반품을 받아주지 않아요

49 　소비자 권리 구제 방법

50 　식당에서 상한 음식을 먹고 식중독에 걸렸어요

51 　과자에서 플라스틱 조각이 나왔어요

52 　1년간 회원권을 끊은 헬스클럽이 폐업했어요

소비자를 위한,
소비자에 의한 법

Common Sense Dictionary of Everyday Law

인터넷쇼핑몰에서 반품을 받아주지 않아요

나는 판매자와 계약을 체결했다

우리는 하루에도 몇 번씩 '계약'을 합니다. 무슨 말이냐고요? 슈퍼마켓에 들어가서 과자를 산다고 생각해보세요. 주인한테 돈을 내고 과자를 갖고 나오지요? 법적으로 보면 구매계약을 체결한 것입니다. 여러분은 돈을 내고 과자를 사겠다는 청약을 했고, 슈퍼마켓 주인은 이 제안을 받아들여 구매계약이 이루어진 것이지요. 인터넷쇼핑몰에서 물건을 구입하는 것도 마찬가지입니다. 판매자와 내가 계약을 체결했는데, 계약을 파기하고 싶을 때는 어떻게 해야 할까요? 소비자는 판매자와 물품 구매계약을 체결한 것이라는 점을 염두에 두면서 대응방안을 생각해볼게요.

그냥 반품하고 싶어요!

판매와 구매가 이루어지는 유형을 보면, 물품이 전시되어 있는 매장을 방문해 직접 눈으로 확인하고 구매하는 유형이 대표적이지만, 인터넷쇼핑, TV홈쇼핑, 방문판매처럼 방문 없이 또는 판매자가 찾아와 물품을 구매하게 되는 유형들도 상당히 많습니다.

원칙적으로 청약은 철회가 되지 않습니다. 그런데 일상생활에서는 우리가 마음이 바뀌었다면서 물건을 그대로 갖고 오면 같은 가격대의 다른 물건으로 교환을 허용해주는 경우도 많고, 7일 내로 그대로 갖고 오면 환불이 가능한 경우도 많지요? 이것은 고객만족 차원에서 판매자가 펼치는 판매정책이지, 법에서 의무화하고 있는 것은 아니랍니다.

다만 전자상거래, 통신판매, 방문판매 등은 물품을 직접 볼 수 없거나 정보가 부족한 상태에서 일방적인 권유에 의해 구매하는 경우가 많아 소비자 피해가 클 수 있기 때문에 일정한 조건하에 철회가 가능하도록 법에서 정해두고 있지요.

인터넷쇼핑몰에 대해서는 '전자상거래 등에서의 소비자보호에 관한 법률'에서 철회가 가능한 규정[1]을 정해두고 있습니다. 계약서를 교부

---

1 청약철회가 가능한 기간

   [방문판매 및 다단계판매 – 방문판매 등에 관한 법률]

   1. 계약서를 받은 날로부터 14일. 단, 재화 등의 제공이 계약서 교부보다 늦은 경우 재화 등을 공급받거나 공급이 시작된 날로부터 14일

   2. 계약서를 받지 않은 경우, 계약서에 판매자 주소가 적혀 있지 않은 경우, 판매자 주소 변경 등의 사유로 1에 따른 기간에 청약철회 등을 할 수 없는 경우: 판매자의 주소를 안 날 또는 알 수 있었던 날로부터 14일

받은 이후에 물품을 받은 경우에는 물품을 받은 날로부터 7일 내, 물품을 받은 이후에 계약서를 교부받거나 물품과 함께 계약서를 받은 경우에는 계약서를 받은 날로부터 7일 내에 단순변심으로 청약철회를 할 수 있습니다. 그리고 계약서를 받지 않았거나 통신판매업자의 주소 변경 등의 사유로 청약철회를 할 수 없었던 경우에는 통신판매업자의 주소를

---

3. 계약서에 청약철회 등에 관한 사항이 적혀 있지 않은 경우: 청약철회 등을 할 수 있음을 안 날 또는 알 수 있었던 날로부터 14일

4. 판매자가 청약철회를 방해한 경우: 방해 행위가 종료한 날로부터 14일

5. 재화 등의 내용이 표시·광고의 내용과 다르거나 계약내용과 다르게 이행된 경우: 재화 등을 공급받은 날로부터 3개월 이내 또는 그 사실을 안 날 또는 알 수 있었던 날로부터 30일 내

[전자상거래 및 통신판매 – 전자상거래 등에서의 소비자보호에 관한 법률]

1. 계약내용에 관한 서면을 받은 날로부터 7일. 단, 재화 제공이 서면 교부보다 늦은 경우 재화 등을 공급받거나 공급이 시작된 날로부터 7일

2. 계약내용에 관한 서면을 받지 않은 경우, 서면에 판매자의 주소가 적혀 있지 않은 경우, 판매자의 주소 변경 등의 사유로 1의 기간에 청약철회 등을 할 수 없는 경우: 판매자의 주소를 안 날 또는 알 수 있었던 날로부터 7일

3. 판매자의 청약철회에 대한 방해 행위가 있는 경우: 방해 행위가 종료한 날로부터 7일

4. 재화 등의 내용이 표시·광고의 내용과 다르거나 계약내용과 다르게 이행된 경우: 재화 등을 공급받은 날로부터 3개월 이내 또는 그 사실을 안 날 또는 알 수 있었던 날로부터 30일 내

[할부거래–할부거래에 관한 법률]

1. 계약서를 받은 날로부터 7일. 단, 재화 등의 제공이 계약서 교부보다 늦은 경우 재화 등을 공급받은 날로부터 7일

2. 계약서를 받지 않은 경우, 계약서에 사업자의 주소가 적혀 있지 않은 경우, 사업자의 주소 변경 등의 사유로 1의 기간에 청약철회 등을 할 수 없는 경우: 사업자의 주소를 안 날 또는 알 수 있었던 날 등 청약을 철회할 수 있는 날로부터 7일 내

3. 계약서에 청약의 철회에 관한 사항이 적혀 있지 않은 경우: 청약을 철회할 수 있음을 안 날 또는 알 수 있었던 날로부터 7일 내

4. 사업자가 청약의 철회를 방해한 경우: 방해 행위가 종료한 날로부터 7일 내

안 날 또는 알 수 있었던 날로부터 7일 내에 청약철회를 할 수 있지요. 그 대신 소비자 책임으로 물품이 훼손되었거나, 일부 소비해서 가치가 현저히 감소했거나, 케이크나 꽃처럼 시간이 지나면 다시 판매하기 곤란해지거나, 책이나 DVD처럼 복제가 가능한 물품의 포장을 훼손한 경우에는 청약철회가 되지 않습니다.

만약, 신용카드로 할부결제를 했다면, '할부거래에 관한 법률'에 따른 청약철회도 가능합니다. 위 청약철회가 가능한 기간과 동일하게 청약을 철회할 수 있지요. 판매자에게 내용증명을 보내 할부거래의 철회를 요청하고, 이 철회요청서를 카드회사에 내용증명으로 보냅니다. 그 대신 소비자 귀책으로 상품이 멸실, 훼손되었거나 20만 원 미만의 상품인 경우에는 철회할 수 없습니다.

물건에 문제가 있어요

인터넷에 나와 있는 내용과 다르거나 물품에 하자가 있는 경우에는 물품에 문제가 있다는 것을 안 날 또는 알 수 있었던 날로부터 30일 내 또는 물품을 공급받은 날로부터 3개월 이내에 청약을 철회할 수 있습니다. 그 대신 물건을 사기 전 인터넷에 나와 있는 내용이 어떤 것인지 캡처해두거나 사진을 찍어두는 게 좋습니다. 판매자가 물품을 판매하고 판매를 종료하면 나중에 물품의 어느 부분이 인터넷 내

용과 다르다는 것인지 알 수 없으니까요. 그리고 계약서, 영수증, 보증서, 물품발송처, 판매자 연락처도 꼭 챙겨두세요.

청약철회는 내용증명으로!

청약을 철회하겠다는 이야기는 구두로도 할 수 있고, 인터넷 게시판에 글을 올릴 수도 있고, 서면으로 할 수도 있습니다. 그런데 말로 할 경우, 판매자가 듣지 못했다고 하면 달리 증명할 방법이 없겠지요? 그래서 게시판에 청약철회 글을 올려 화면을 캡처해두거나, 서면으로 남겨둘 필요가 있습니다. 가장 확실한 것은 판매자에게 내용증명을 보내는 것입니다. 물품의 문제로 청약철회를 하는 경우라면 인터넷에 나와 있는 내용과 실제 받아본 물품은 어떤 부분이 다른지, 받은 물품에 어떤 문제가 있는지, 어떤 조치를 취해주었으면 좋겠는지를 내용증명에 명확하게 적어 보냅니다.

청약철회 후에는?

청약을 철회하면 소비자는 받은 물품을 반환해야 합니다. 단순변심이라면 소비자의 비용으로 물품을 반환하고, 물품의 하자로 철회하는 것이라면 판매자의 비용으로 물품을 반환합니다. 판매자는 물건을 반환받고 3일 내에 환불해주어야 합니다. 현금으로 결제했다면 소비자에게 현금을 돌려주고, 신용카드로 결제했다면 신용카드업자에게 받은 대금을 환급해주거나, 대금 청구를 정지하거나, 취소하도록 요청해야 합니다.

소비자 권리 구제 방법

앞에서 본 것처럼 청약철회를 했을 때 판매자가 받아들인다면 문제가 없지만, '한 번 보낸 물건은 재판매가 어려워서 환불되지 않는다', '물건에 하자가 없으니까 환불은 안 된다'라고 하면서 청약철회를 거절하는 판매자도 있지요? 이 경우 어떤 조치를 취해야 하는지 알아볼게요.

판매자와 대화 – 소비자분쟁해결기준을 활용

소비자와 판매자 사이에 의견 차이가 있을 때 '소비자분쟁해결기준'을 활용하는 게 방법이 될 수 있습니다. 소비자와 판매자 사이에 분쟁을 원활하게 해결할 수 있는 합의 또는 권고의 기준이라 보면 되겠네요. 소비자분쟁해결기준은 '일반적 소비자분쟁해결기준'과 '품목별 소비분쟁해결기준'으로 나뉘어 있습니다.

일반적 소비자분쟁해결기준에는 물품 하자 등에 대해 수리, 교환,

환급을 어떻게 할지 일반적인 기준을 정해놓았고, 품목별 소비분쟁해결기준은 주로 이루어지는 품목들을 세부적으로 나누어 해결기준을 정해놓았지요. '소비자분쟁해결기준'은 법률이 아니라서 반드시 따라야 하는 것은 아니지만, 소비자와 판매자의 의견 차이를 좁히는 데 좋은 자료가 될 수 있습니다.

소비생활센터, 소비자단체, 한국소비자원에 상담 및 피해구제 신청

가. 소비생활센터

전국 각 지방자치단체에서 소비자 불만사항이나 피해를 신속하게 처리할 수 있도록 소비자피해구제기구를 운영하고 있습니다(서울전자상거래센터, 경기도 소비자정보센터, 부산광역시 소비생활센터 등). 소비자는 자신이 사는 소비자피해구제기구에서 상담을 받거나 피해구제를 신청할 수 있습니다.

피해구제를 신청하면 소비자피해구제기구에서 합의를 권고하고, 합의가 되지 않으면 분쟁 당사자나 해당 기구 또는 단체의 장은 소비자분쟁조정위원회에 분쟁조정을 신청할 수 있습니다.

나. 소비자단체

한국소비자단체협의회, 한국소비자연맹, 소비자 시민모임 등 소비자단체에서도 상담을 받거나 피해구제를 요청할 수 있습니다. 피해구제를 요청하면, 이들 소비자단체가 합의를 권고하고, 합의가 되지 않으면 분쟁 당사자나 해당 기구 또는 단체의 장은 소비자분쟁조정위원회에 분쟁조정을 신청할 수 있습니다.

다. 한국소비자원

한국소비자원에서도 상담을 받거나 피해구제를 요청할 수 있습니다. 피해구제를 신청하면 원칙적으로 신청서가 접수된 후 30일 내에 '소비자분쟁해결기준'에 따라 합의를 시도하고, 합의가 이루어지지 않는 경우 소비자분쟁조정위원회로 사건이 회부되어 분쟁조정절차가 진행됩니다.

소비자분쟁조정위원회

소비자 분쟁조정위원회는 원칙적으로 조정신청을 받은 날로부터 30일 내에 분쟁조정을 마쳐야 합니다. 당사자는 조정 내용을 거부할 수 있고, 만약 당사자들이 동의하면 재판상 화해와 같은 효력이 발생하는 것이고, 민사소송으로 다시 다툴 수 없게 됩니다.

민사소송

소비자분쟁조정위원회의 조정이 성립되지 않으면 소송으로 법원의 판단을 구하는 수밖에 없습니다. 사실 앞의 절차들은 필수적으로 거쳐야 하는 것은 아닙니다. 앞의 절차를 거쳐 해결되지 않으면, 결국 민사소송을 거쳐야 하기 때문에 앞의 절차를 거치지 않고 처음부터 바로 민사소송을 제기하기도 하지요. 민사소송에서 법에서 정한 기한 내에 청약철회를 했다거나 계약내용과 다르다거나 하는 주장을 증거서류들과 함께 제출하고, 공방을 거쳐 법원의 판단을 받아 분쟁을 해결합니다.

알아두세요! 1372 소비자상담센터에 전화

어디에 전화해서 상담받아야 할지 고민된다면 통합 전화번호인 1372(소비자상담센터)에 전화하면 됩니다. 지방자치단체, 소비자단체, 한국소비자원과 연계되어 소비자상담을 받을 수 있고, 피해구제신청도 할 수 있습니다.

식당에서 상한 음식을 먹고
식중독에 걸렸어요

간만에 몸보신을 하러 친구들과 뷔페에 갔습니다. 다양한 음식들을 담아 허겁지겁 먹기 시작했는데, 맛이 조금 시큼합니다. 몇 시간 지나니 배가 아프고 설사를 합니다. 거기에 구토까지…. 식중독 증세를 보이네요.

우리는 하루에도 여러 가지 종류의 음식들을 섭취하기 때문에 식중독이 발생하더라도 그 요인을 찾기가 쉽지 않습니다. 그래서 어떤 음식이 원인이었는지 밝히는 데 도움이 되도록 자료들을 모아두는 한편, 국가의 도움을 받을 필요가 있습니다.

식중독 증상 발견 시 절차

우리 식품위생법에서 식중독 환자나 식중독이 의심되는 사람을 진단한 의사나 한의사는 그 사실을 관할 시장· 군수· 구청장에게 보고해야 하는 의무를 규정하고 있습니다. 그리고 식중독 증상을 호소하는 환자가 요청하거나 의사나 한의사가 필요하다고 인정하는 경우, 환자의 혈액 또는 배설물을 채취하여 시장, 군수, 구청장이 인수할 때까지 변질되거나 오염되지 않도록 보관하도록 정하고도 있지요.

이렇게 식중독 진단 의사로부터 보고를 받은 시장, 군수, 구청장은 그 사실을 식품의약품안전처장, 시도지사에게 보고하고 설문조사, 역학조사, 혈액이나 배설물 검사로 원인을 조사해 결과를 보고해야 합니다. 음식으로 인한 식중독으로 밝혀지면 시정명령, 영업정지 등의 행정처분을 내릴 수 있습니다.

그러니 식중독이 의심된다면 병원을 방문해서 진단을 받고, 추후 정밀검사를 위해 혈액과 배설물을 채취해 보관해줄 것을 요청할 필요가 있습니다.

보상 요청

음식점에서 먹은 음식 때문에 식중독이 발생했다는 점이 밝혀지면 해당 음식점주로부터 지급한 음식 값 반환, 치료를 받고 지급한 병원비, 식중독으로 일을 하지 못한 일실소득 등을 손해배상으로 청구할 수 있습니다.

과자에서
플라스틱 조각이 나왔어요

슈퍼마켓에서 과자를 사서 봉지를 뜯고 한두 개 먹고 있는데, 과자 속에 뭔가 이물질이 있어서 자세히 살펴보니 부러진 플라스틱 조각이네요. 이 경우 어떻게 대처해야 할까요?

증거 남겨두기

발견된 이물질을 사진으로 찍어두고 그 상태 그대로 밀봉하여 보관해둡니다. 그리고 식품의약품안전처 홈페이지 식품안전소비자신고센터(국민소통 → 신고센터 → 식품안전소비자신고)에 신고하거나 전국 국번 없이 1399(식품안전정보원)번으로 전화해 신고합니다. 추후 신고한 사람은 행정기관의 처리결과를 확인할 수 있습니다.

신고가 접수되면 식약처나 관할행정기관에서 조사에 들어갑니다. 이물질을 확인한 후 외부 유입 가능성은 없는지, 유통과정에서 유입되었을 가능성은 없는지, 제조과정 어디서 유입되었는지 등을 조사해 원인을 밝힙니다. 제조업체의 부주의로 이물질이 유입된 경우, 시정명령이나 영업정지 등의 행정처분을 내립니다.

보상받기

과자의 이물질이 제조과정에서 들어갔다는 사실이 밝혀지면 제조업자로부터 제품을 교환받거나 구입한 금액을 반환받을 수 있습니다. 만약, 플라스틱을 모르고 먹어서 다쳤다면 당연히 병원비도 보상받아야겠죠. 부상으로 일을 하지 못했다면 일을 하지 못한 손해도 배상받을 수 있습니다. 만약, 판매자가 보상을 못해준다고 하면? 앞서 '소비자권리구제'에서 설명드린 것처럼 1372소비자상담센터를 통해 해당 시·군·구청 소비자상담센터, 소비자보호원, 소비자 단체 등을 연결하거나 위 기관들에 직접 전화해 상담받을 수도 있고, 피해구제신청을 통해 합의를 시도할 수도 있으면 분쟁조정위원회의 조정을 시도할 수도 있고, 민사소송을 제기할 수도 있습니다. 어떤 경우든 병원 치료비, 진단비 등 증빙을 위한 영수증은 꼭 챙겨두세요.

1년간 회원권을 끊은 헬스클럽이 폐업했어요

헬스클럽을 다니려고 큰맘 먹고 방문했는데, 한 달 계약하는 것보다는 3개월, 3개월보다는 6개월, 6개월보다는 1년 단위로 끊는 것이 훨씬 저렴해 고민해보신 분들 많으실 겁니다. 만약, 1년 회원권을 끊었는데 얼마 지나지 않아 헬스클럽이 폐업했다면 굉장히 낭패겠죠.

형사고소, 반드시 사기죄가 성립하는 것은 아니다

헬스클럽이 하룻밤 사이에 문을 닫게 되면 회원들이 운영자를 사기 혐의로 고소하는 경우가 많습니다. 예고 없이 폐업하면 헬스클럽 운영자가 연락을 받지 않거나 잠적하는 경우가 있는데, 수사기관에서 조사를 위해 소재 파악을 하게 되고, 조사과정에서 헬스클럽 운영자가 피해보상을 하는 경우도 있지요. 하지만 예고 없이 폐업을 했다고 해서 모두 사기죄가 성립하는 것은 아니랍니다. 사기죄란, '사람을 기망하여 재물의 교부를 받거나 재산상의 이익을 취득함으로써 성립하는 범죄'입니다. 헬스클럽 운영자가 처음부터 돈만 받아 잠적할 의도로 회원가입을 받았던 게 아니라면 '기망'했다고 보기 어려울 수 있습니다. 회원이 가입할 당시에는 잘 운영될 것으로 생각했는데, 이후 회원수가 급감했거나 운영비가 늘어 운영이 어려워지게 되었을 수도 있으니까요. 우리가 은행에서 대출을 받았는데 사정이 어려워 갚지 못하게 되었다고 사기죄로 형사처벌하기 어려운 것과 마찬가지입니다.

민사소송, 언젠가 재산이 생기길 바라며

회원은 헬스클럽 운영자 사이에 일정한 기간을 정해 계속 헬스클럽 내의 시설을 이용하기로 하는 계약을 체결한 것입니다. 헬스클럽 운영자가 폐업함으로써 계약의 이행을 다하지 못했으니 채무불이행을 한 것이죠. 회원은 민사소송을 통해 이용하지 못하게 된 기간 동안의 헬스클럽 이용료를 반환할 것을 청구할 수 있습니다. 헬스클럽 운영자가 사정이 힘들어 폐업한 것이므로 당장 돈을 받기는 힘들 수 있습니다. 하지만 판결문은 10년의 소멸시효가 있고, 소멸시효가 초과되기 전 소송을 제기해 시효를 연장할 수 있기 때문에 한 번 판결문을 받으면 계속 헬스클럽 운영자 재산에 대해 강제집행을 시도할 수 있습니다.

할부결제, 헬스클럽 폐업 대비하기

애초에 이런 불안함을 차단할 수 있는 방법이 있습니다. 바로 이용료를 신용카드로 결제하고, 할부기간을 계약하는 월수와 비등하게 잡는 것이지요. 우리 '할부거래에 관한 법률'에서 항변권을 규정하고 있습니다. 할부로 결제했을 때 제품이나 계약상 하자가 발생하면 잔여할부금을 지급하지 않아도 되는 권리이지요. 우리가 신용카드로 결제하고 받는 영수증 뒷면을 보면 '할부거래계약서'라는 것이 있죠? 이 할부거래계약서 제4조에(회원의 항변권)도 이 항변권 조항이 나와 있습니다.

　　결제를 할 때 이용 월 수만큼 할부기간을 정해 결제를 하고 다니다가, 헬스클럽이 폐업하면 신용카드 회사에 대금 결제를 중지해달라고 요청하면 더 이상 해당 헬스클럽에 결제가 되지 않습니다. 단, 금액이 20만 원 이상, 할부가 3개월 이상일 경우에만 가능합니다. 그리고 항변권 행사는 증거가 남도록 내용증명으로 작성해서 카드사에 보냅니다. 항변요청서에는 상품 구매일, 구매장소, 구매품목, 금액, 항변요청 사유, 이름, 전화번호, 항변요청일 등을 기재합니다. 결제를 중지하는 곳은 신용카드회사이니까요.

내용증명이란, 발송인이 수취인에게 어떤 내용의 문서를 언제 발송하였다는 사실을 우체국이 증명하는 제도입니다. 내용증명은 청약철회, 계약해제, 대금지급독촉처럼 법적으로 중요한 의미를 갖는 의사표시를 할 때 이용하지요. 분쟁이 해결되지 않아 나중에 소송절차를 밟게 되면, 이러한 내용증명 역시 입증자료로 사용될 수 있습니다. 내용증명을 보낼 때 특별한 양식이 있는 것은 아니지만, 전달하고자 하는 의사가 명료하게 전달되도록 작성해야 합니다. 원본 1통을 2부 복사해 총 3부(원본 1통, 등본 2통)를 만들어 우체국에 내용증명 발송을 요청하면 3부가 동일함을 확인하고, 발송인이 1부, 우체국이 1부, 수취인에게 나머지 1부를 보내게 됩니다. 등기우편으로 가기 때문에 등기번호가 부여되고 수취 여부도 확인할 수 있지요. 우체국에서는 내용증명을 3년간 보관하기 때문에 발송인이 보관 중이던 내용증명을 분실했더라도 우체국에 재증명을 신청해 확인할 수 있답니다.

청약철회 요청서

수신

상호: ㈜감성패션(전화번호: 031-123-4567)

주소: 경기도 고양시 일산동 일산빌딩

발신

이름: 김감독(연락처: 010-1234-5678)

주소: 서울 서초구 서초중앙로

위 발신인 김감독은 2021. 5. 1. 귀사 매장에서 30만 원짜리 가방을 구입하여 행복카드로 3개월 할부로 결제하였습니다. 그런데 집으로 와 가방을 들어보니 생각보다 무거워 자주 들기 어렵겠다는 판단이 들었습니다. 이에 할부거래에 관한 법률 제8조 규정에 의거, 가방구입을 취소하고자 하오니 반품처리를 하여 주실 것을 요청드립니다.

2021. 5. 3.

발신인 김감독 (인)

할부 철회 요청서

수신

업체: 행복카드주식회사(02-456-7890)

주소: 서울시 중구

발신

이름: 김감독(연락처:010-1234-5678)

주소: 서울 서초구 서초중앙로

위 김감독은 2021. 5. 1. 귀사의 가맹점인 (주)감성패션(전화번호: 031-123-4567, 주소: 경기도 고양시 일산동 일산빌딩)에서 가방을 구입하면서 귀사의 행복카드로 3개월 할부로 가방 대금 30만 원을 결제한 사실이 있습니다. 구입 상세내역은 다음과 같습니다.

카드번호: 5522-8000-8888-8888

결제금액: 300,000원

결제일시: 2021. 5. 1.

가맹번호: 1340000000

승인번호: 00307777

그런데 구매한 가방이 무거워 반품을 결정하였고, 할부거래에 관한 법률 제8조에 의거 판매업체에 청약철회의사를 통보하였으니 귀사에서는 가맹점에 신용카드 대금 지급을 중지하고 결제를 취소하여 주실 것을 요청합니다.

첨부: 청약철회 요청서 내용증명 사본 1부. 끝.

2021. 5. 3.

발신인 김감독 (인)

53   암이라고 해서 수술받았는데, 오진이라네요

54   성형수술 부작용이 생겼어요

55   의료사고로 환자가 사망했을 때, 유가족의 대응책은?

억울한 의료사고,
어떻게 해야 할까?

8

Common Sense Dictionary of Everyday Law

암이라고 해서 수술받았는데
오진이라네요

의사의 주의의무

의사는 진찰·치료 등의 의료행위를 할 때 사람의 생명·신체·건강을 관리하는 업무의 성질에 비추어 환자의 구체적인 증상이나 상황에 따라 위험을 방지하기 위해 요구되는 최선의 조치를 취해야 할 주의의무가 있습니다.

이러한 주의의무는 의료행위를 할 당시 의료기관 등 임상의학 분야에서 실천되고 있는 의료행위 수준을 기준으로 삼는데, 그 의료수준은 통상의 의사에게 의료행위 당시 일반적으로 알려져 있고, 또 시인되고 있는 의학상식을 뜻하지요.

진단 당시의 통상적인 의료 수준에서 환자의 증상과 진단 결과를 토대로 올바른 병명을 진단할 수 있었음에도 불구하고 진단을 잘못 내렸고, 그로 인해 불필요한 수술을 하게 되었거나 치료 시기를 놓친 과실로 환자의 상태가 악화되었다면, 의사는 평균적인 의사로서 요구되는 진단 및 치료상의 주의의무를 다하지 못한 것이므로 환자는 그로 인한 손해를 배상받을 수 있습니다.

손해배상액은 얼마일까?

손해배상액은 객관적인 기준에 따라 결정되는데, 수술로 인해 노동능력상실이 된 경우, 일실손해, 향후 회복을 위한 치료비, 위자료 등으로 구성됩니다. 대부분 손해배상액에서 큰 부분을 차지하는 것이 노동능력상실률에 따라 결정되는 일실손해이기 때문에 피해자의 입장에서 손해배상액이 턱없이 부족하다고 생각하는 경우가 많습니다. 예를 들어, 병원의 오진으로 유방암으로 잘못 진단해 한쪽 유방의 1/4가량을 절제한 사안에서 오진한 병원에 손해배상 책임은 인정되었지만, 노동능력상실이 있다고 인정되지 않아 손해배상액은 유방 재건을 위한 향후 치료비와 위자료(약 3,900만 원)만 인정되었습니다.[1] 한편, 패혈증 증상을 보이는 데도 심근경색으로 오진해 불필요한 수술을 받았고, 원인균에 대응하는 항생제를 적시에 처방받지 못해 신체 부위가 괴사되어 다리를 절단하게 된 사안에서는 노동능력상실률을 일부 인정해 일실손해, 향후 치료비, 위자료(약 6억 9,000만 원)를 인정했지요.[2]

---

1 대법원 2011. 7. 14. 선고 2009다65416 판결 손해배상(의)

2 대법원 2015. 3. 12. 선고 2014다79372 판결

성형수술 부작용이 생겼어요

양악수술을 받았는데 안면신경이 마비된 경우, 쌍꺼풀 수술을 받았는데 눈이 감기지 않는 경우, 코 수술을 받았는데 괴사된 경우 등 우리나라에서 성형수술이 보편화된 만큼 수없이 다양한 부작용 사례들이 발생하고, 그에 따른 분쟁도 증가하고 있습니다.

미용성형을 수술하는 의사의 책무

기본적으로 의사에게는 위험방지를 위해 필요한 최선의 주의의무가 요구됩니다. 환자의 상태에 충분히 주의하고, 진료 당시의 의학적 지식에 입각해 치료방법의 효과와 부작용 등 모든 사정을 고려하여 최선의 주의를 기울여 치료해야 하지요.

또한 의사는 예견가능한 위험을 예견할 의무를 부담하는데, 이때의 예견가능성이란, 평균적인 의사가 의료 행위 시에 예견할 수 있는 결과 발생의 가능성을 말합니다. 발생가능성이 현저히 낮은 경우에도 의사에게 최선의 주의의무가 주어진 이상, 그것이 평균적인 의사에게 알려진 내용인 경우에는 이를 예견할 의무가 있습니다.

그리고 결과회피의무, 의료행위를 함으로 인하여 위험한 결과가 발생할 수 있다는 인식, 즉 위험을 예견하였다면 그러한 위험한 결과의 발생을 방지하기 위하여 그 결과 발생을 회피할 의무도 있습니다.

특히 미용성형을 수술하는 의사는 시술 여부, 시술의 시기, 방법, 범위 등을 충분히 검토한 후, 미용성형 시술의 의뢰자에게 생리적·기능적 장해가 남지 않도록 신중을 기해야 하고, 회복이 어려운 후유증이 발생할 개연성이 높다면, 미용성형 시술을 거부하거나 중단해야 할 의무도 있습니다. 다만, 성형수술의 경우 모양이 마음에 들지 않는다거나 티가 난다거나 하는 불만족은 부작용으로 보기 어렵습니다. 심미적인 만족도는 개인마다 다르기 때문이지요.

병원에서는 수술 때문이 아니라고 하는데요!

기본적으로 손해를 물으려면 원인과 결과 사이에 인과관계가 인정되어야 합니다. 의료행위상의 주의의무 위반으로 발생한 부작용에 대하여 손해배상소송을 진행하는 경우, 피고 측에서 자주 주장하는 것이 발생한 부작용은 해당 수술 때문이 아니라는 것입니다. 원칙적으로 인과관계는 책임을 묻는 원고에게 입증책임이 있습니다. 하지만 의료행위는 고도의 전문적 지식을 필요로 하는 분야로, 전문가가 아닌 일반인으로서는 의사의 의료행위 과정에 주의의무 위반이 있는지의 여부나 그 주의의무 위반과 손해발생 사이에 인과관계가 있는지의 여부를 밝혀내기가 극히 어려운 특수성이 있으므로 의료행위상의 주의의무 위반으로 인한 손해배상청구에서 피해자 측에서 일련의 의료행위 과정에 있어서 저질러진 일반인의 상식에 바탕을 둔 의료상의 과실 있는 행위를 입증하고, 그 결과와의 사이에 일련의 의료행위 외에 다른 원인이 개재될 수 없다는 점을 증명한 경우에는 의료상 과실과 결과 사이의 인과관계를 추정하여 손해배상책임을 지울 수 있습니다.

의료사고로 환자가 사망했을 때, 유가족의 대응책은?

의무기록 사본 즉시 발급

의료법에서는 환자의 주된 증상, 진단 및 치료 내용 등 의료행위에 관한 사항과 의견을 상세히 기록하여 서명해야 하고, 진료에 관한 기록을 일정 기간 동안 보관해야 합니다.

사고가 발생하면 진료기록부, 수술기록, 검사소견기록, 간호기록부, 방사선사진 등 일체의 의무기록을 발급받습니다. 사고가 발생한 후에 의무기록 내용을 수정하거나 재작성할 우려가 있으니 빠른 시일 내에 발급받는 것이 좋습니다.

관련자들 진술 빠른 시일 내에 녹취

사망사고가 난다고 해서 병원이 그 즉시 관련자들을 업무에서 배제시키지는 않습니다. 기본적으로 소송은 장기간이 소요되고, 여러 수술을 경험하는 관련자들은 시간이 지날수록 특정 사건에 대한 기억이 흐려질 수밖에 없지요. 그렇기 때문에 사고가 발생한 직후에 당시 수술에 참여한 의사, 간호사, 간병인 등 관련자들의 진술을 직접 듣고, 필요하다면 녹취도 해두는 것이 좋습니다.

부검 적극 고려

의료과실에 따른 사망 가능성이 커 보인다면, 사망 원인을 명확히 알 수 있도록 부검하는 것도 필요합니다. 관할 경찰서에 변사사건으로 신고하면 검사가 부검결정을 내리고 국립과학수사연구소의 부검전문 의료진이 부검하게 됩니다.

가족 중 1명이 입회할 수 있고, 국립과학수사연구소는 망인의 사인에 대한 종합감정서를 관할 경찰서에 통보하고 이는 의사의 과실을 입증할 수 있는 좋은 증거자료가 될 수 있습니다.

의사 형사고소 고려

우리 형법에서는 업무상 과실 또는 중대한 과실로 사람을 사상에 이르게 한 경우, 행위자를 처벌하고 있습니다.[1] 사망에 이른 결과에 의사 과실이 주요하게 개입된 정황이 어느 정도 확인되는 경우에는 형사고소를 하는 것도 필요합니다. 다만 형사책임은 입증책임이 더욱 강하게 요

---

1 제268조(업무상과실·중과실치사상) 업무상과실 또는 중대한 과실로 인하여 사람을 사상에 이르게 한 자는 5년 이하의 금고 또는 2,000만 원 이하의 벌금에 처한다.

구되기 때문에, 현실적으로 업무상과실·중과실치사상의 경우, 무혐의처분이 되는 경우도 있으므로 부검결과와 의무기록지를 확인하고, 사안의 추이를 지켜보면서 진행하는 것이 적절합니다. 또한 위 죄의 공소시효는 7년이므로 공소시효를 넘기지 않도록 주의해야 합니다.

Memo

돈 모으는 기술, 여기 한 자리에!

이현정 지음 | 360쪽 | 16,000원

서른 아홉 살, 경매를 만나고 3년 만에 집주인이 되었다!

나는 돈이 없어도 경매를 한다

▶ 돈 되는 집 고르기부터 맘고생 없는 명도까지 OK!

▶ 생동감 넘치는 경매 에피소드와 저자의 투자상세내역 대공개!

▶ 경매 상황별 궁금증을 속시원하게 풀어주는 Q&A와 깨알팁

특별부록 공실률 제로! 초간단 셀프 인테리어

윤재수 지음 | 420쪽 | 18,000원

100만 왕초보가 감동한 최고의 주식 투자 입문서!

주식투자 무작정 따라하기

▶ 주식 계좌 개설부터 주식 사는 법, 차트 분석까지 OK!

▶ 가치투자 실력자로 키우는 ROE, PER, PBR, EV/EBITDA 완전정복!

▶ 잃지 않고 성공하는 자기만의 투자원칙 만드는 법!

슈퍼짠 부부 8쌍 지음 | 336쪽 |
15,000원

결혼 10년 10억 만든 부부 합심 재테크의 정석!

부자를 만드는 부부의 법칙

▶ 결혼 후 당신이 알아야 할 돈에 대한 모든 것

▶ 이웃집 작은 부자들의 실제 자산변동&투자내역과 한 달 가계부 대공개!

▶ 푼돈 재테크부터 풍차 돌리기, 내집마련, 임대수익, 땅투자, 투잡 비결까지!

특별부록 나눔부자의 내집 마련 기술 7

짠돌이카페 편 | 이보슬 저 | 324쪽 |
13,500원

절약으로 시작하는 3배속 부자법칙

짠테크 전성시대

▶ 롤러코스터 같은 재테크 말고, 맘 편하게 꾸준히 자산을 불려주는 방법

▶ 회원 수 80만 명 짠돌이카페(Daum)의 15년 짠테크 노하우 무한 방출

▶ 똑똑한 월급 재테크, 기적의 가계부 작성, 소득별 종잣돈 만들기,
　정부지원금 골라먹기

취미 교양 하고 싶은 것 맘껏 하며 교양 쌓기!

트리스탄 스티븐슨 지음 | 정영은 옮김 |
272쪽 | 15,000원

내 안의 바리스타를 위한
커피 상식사전

▶ 커피의 탄생부터, 품종 · 재배, 로스팅, 분쇄, 추출까지
　커피의 위대한 이야기
▶ 커피 안에 녹아 있는 역사와 문화,
　다양한 이야기를 들어보는 시간

리사 리처드슨 지음 | 공민희 옮김 |
256쪽 | 15,000원

티 소믈리에가 알려주는
차 상식사전

▶ 당신을 위로할 따뜻한 차 한 잔을 만나는 시간
▶ 와인처럼 향기롭고, 맥주처럼 다양하며
　커피처럼 중독적인 음료에 대하여!

멜리사 콜 지음 | 376쪽 | 17,500원

알면 알수록 맛있는
맥주 상식사전

▶ 향도 맛도 이름도 제각각인 수제 맥주 & 수입 맥주 전성시대!
▶ 어떤 맥주를 마실지 고민인 당신을 위한,
　알고 마시면 더 맛있는 맥주 안내서!

심철흠 지음 | 480쪽 | 24,500원

베란다 텃밭부터 100평 큰 밭까지 완벽 학습
텃밭 농사 무작정 따라하기

▶ 베테랑 도시농부의 10년 노하우를 생생하고 다양한 사진으로 배운다!
▶ 감자, 상추 등 기초작물부터 고추, 수박 등 고난이도 작물까지
　42종 완벽 정리
▶ 블로그 이웃들의 농사 수다에서 꼼꼼한 팁까지 얻는다!